Vanessa Barbé

L'essentiel *de* l'Introduction au système fiscal français

3e édition
2015 2016

Gualino
lextenso éditions

LES CARRÉS

Cette collection de livres présente de manière synthétique, rigoureuse et pratique l'ensemble des connaissances que l'étudiant doit posséder sur le sujet traité. Elle couvre :
- le Droit et la Science Politique;
- les Sciences économiques;
- les Sciences de gestion;
- les concours de la Fonction publique.

Vanessa Barbé est Maître de conférences à l'Université d'Orléans.

Du même auteur chez le même éditeur

– L'essentiel de l'Introduction au système fiscal français 2015-2016, 3e éd.
– L'essentiel du Droit des libertés fondamentales 2015-2016, 6e éd.
– Exos LMD Droit des libertés fondamentales, 3e éd. 2013 (en collaboration avec F.-X. Millet)

DANGER LE PHOTOCOPILLAGE TUE LE LIVRE

70, rue du Gouverneur Général Félix Éboué
92131 Issy-les-Moulineaux cedex
ISBN 978 - 2 - 297 - 04745 - 6
ISSN 1288-8206

PRÉSENTATION

L'essentiel des connaissances nécessaires à la compréhension du *système fiscal français* est exposé dans cet ouvrage, de façon claire, rigoureuse et synthétique.

Il se décompose en deux parties principales :

- *les acteurs du système fiscal français* : le législateur et l'administration fiscale, le contribuable et ses droits dans ses relations avec l'administration fiscale ;
- *les principaux impôts du système fiscal français* : l'imposition des revenus des particuliers, l'imposition des sociétés, l'imposition de la dépense, l'imposition du capital et les impôts locaux.

Cet ouvrage s'adresse aux étudiants des Universités de droit, aux étudiants des Instituts d'études politiques, aux candidats aux concours de la fonction publique.

SOMMAIRE

SOMMAIRE

PARTIE 1
Les acteurs du système fiscal français

SOMMAIRE

SOMMAIRE

SOMMAIRE

SOMMAIRE

Liste des principales abréviations

CGI	Code général des impôts
CJUE	Cour de justice de l'Union européenne
CSG	Contribution sociale généralisée
CRDS	Contribution au remboursement de la dette sociale
IRPP	Impôt sur le revenu des personnes physiques
IS	Impôt sur les bénéfices des sociétés (impôt sur les sociétés)
ISF	Impôt de solidarité sur la fortune
LPF	Livre des procédures fiscales
OCDE	Organisation de coopération et de développement économiques
TFUEOCDE	Traité sur le fonctionnement de l'Union européenne
TVA	Taxe sur la valeur ajoutée

Définition de l'impôt et cadre du système fiscal

Le système fiscal français peut être défini comme l'ensemble des impôts ainsi que leur régime (modalités de calcul, de recouvrement, de contrôle) applicable en France. Il est l'héritier d'une longue histoire, marquée par la Révolution française ainsi que par les deux guerres mondiales. Il s'insère en outre dans un cadre international, et surtout européen, assez contraignant.

1 Définition de l'impôt

Le droit fiscal est une branche du droit public, car il traite des rapports entre la puissance publique et une catégorie particulière d'administrés, les contribuables. Il s'agit néanmoins d'un droit particulier, car, d'une part, il utilise par assimilation des notions de droit administratif mais aussi de droit privé qu'il a adaptées (abus de droit) ou non (livraison, propriété) ou de droit comptable (amortissements, provisions) et, d'autre part, il a développé ses notions propres (établissement stable, revenu, acte anormal de gestion, etc.).

Le droit fiscal peut être défini comme l'ensemble des règles relatives à l'impôt, c'est-à-dire celles relatives à l'établissement, au recouvrement, au contrôle et au contentieux de l'impôt. Pour définir le système fiscal, il convient donc de définir l'impôt.

■ *Définition positive de l'impôt*

Une définition classique attribuée à Gaston Jèze et complétée par Georges Vedel présente l'impôt comme une prestation de valeur pécuniaire, requise des particuliers par voie d'autorité à titre définitif et sans contrepartie, dans le but d'assurer la couverture des charges publiques. Si aujourd'hui certains aspects de cette définition ne sont plus tout à fait exacts (l'impôt par exemple ne sert plus seulement à couvrir les charges publiques, voir *infra*), trois éléments sont toutefois indispensables pour identifier l'impôt.

a) Un prélèvement obligatoire

L'impôt est requis par « voie d'autorité » : il fait partie des 44 % du PIB (produit intérieur brut) de prélèvements dits obligatoires (aux côtés des taxes et cotisations sociales). Il existe ainsi de nombreuses ***sanctions fiscales*** (majorations d'impôts) et ***pénales*** dans le cas où le contribuable ne satisfait pas à ses obligations déclaratives et surtout de paiement.

Les comptables publics disposent également de garanties pour assurer le recouvrement (privilèges du Trésor sur les meubles des contribuables, hypothèque légale sur les immeubles, responsabilité de certains tiers solidaires), l'impôt pouvant même faire l'objet d'un recouvrement forcé auprès du contribuable (saisies mobilières ou immobilières) ou de tiers (avis à tiers détenteur).

b) Un prélèvement sans contrepartie directe

L'impôt est requis à titre définitif (il ne s'agit pas d'un emprunt des collectivités publiques) ***et sans contrepartie***. Toutefois, il existe bien une ***contrepartie indirecte*** : le paiement des impôts permet aux contribuables de bénéficier de certains services publics (routes, justice, police, armée...), ce que Mirabeau et Thiers avaient théorisé sous le nom de ***l'impôt-échange***. La contrepartie n'est pas directe : les contribuables ne reçoivent aucun service correspondant au montant de leur impôt, et ils bénéficient tous des mêmes services quel que soit l'impôt acquitté.

c) Un prélèvement finançant les charges publiques

L'impôt a pour but d'assurer la couverture des charges publiques, c'est-à-dire financer les dépenses publiques inscrites au budget de l'État, des collectivités locales ou d'autres organismes publics. Toutefois, l'impôt, tout en gardant cette finalité première, a aujourd'hui d'autres fonctions.

1) Les fonctions classiques de l'impôt

L'impôt a une fonction de ***redistribution*** lorsque l'État ou les collectivités utilisent le produit des impôts pour financer des dépenses sociales.

De même, l'impôt a une mission de ***régulation économique*** lorsqu'il vise à favoriser l'emploi, lorsqu'il lutte contre l'inflation ou tend à relancer la productivité ou la consommation.

2) *Les nouvelles fonctions de l'impôt*

L'impôt sert aujourd'hui à ***orienter le comportement des contribuables*** dans le sens voulu par l'État. Dans ce cas, le législateur peut imaginer des ***impôts-dissuasion ou impôts-sanction***, comme par exemple ceux frappant les activités polluantes :

- ***la taxe générale sur les activités polluantes*** (TGAP) touche notamment l'utilisation de lessives par les entreprises ou l'émission de substances polluantes dans l'atmosphère ;
- ***le malus automobile*** est applicable aux voitures les plus polluantes en vertu de l'article 1011 *bis* du Code général des impôts.

C'est le cas également de la taxe sur ***les logements vacants*** qui dissuade les propriétaires de laisser leur bien inoccupé afin de remédier à la crise du logement. Cette taxe a été augmentée par la loi de finances rectificative du 16 août 2012 et par la loi de finances pour 2013 du 29 décembre 2012 : son taux est porté de 10 à 12,5 % de la valeur locative de l'habitation la première année de vacance du logement, et de 12,5 à 25 % la deuxième année.

La fiscalité dite comportementale atteint son apogée en 2012, avec la création d'une ***contribution sur les boissons à sucres ajoutés*** (7,16 euros/hl = 1ct par canette), et d'une ***taxe sur les loyers abusifs*** et en 2013 avec la ***taxe sur les boissons énergisantes*** (dite « taxe *Red Bull* »).

Pour aller plus loin

Le Conseil constitutionnel, saisi des lois créant ce type d'impôts, a estimé qu'il s'agissait bien d'impositions parce que ces dispositifs ont aussi une finalité de compensation des dépenses publiques. Ainsi, dans la décision n° 2009-599 DC du 29 décembre 2009 (*Loi de finances pour 2010*) à propos de la « contribution carbone », le Conseil estime que « *le principe d'égalité ne fait pas obstacle à ce que soient établies des impositions spécifiques ayant pour objet d'inciter les redevables à adopter des comportements conformes à des objectifs d'intérêt général, pourvu que les règles fixées à cet effet soient justifiées au regard desdits objectifs* ».

Au contraire, le législateur peut également imaginer des ***dispositifs incitatifs***. C'est le cas par exemple des réductions ou crédits d'impôts facilitant l'achat de matériel plus écologique (voitures électriques, panneaux solaires...).

Définition négative de l'impôt

Il existe beaucoup d'autres prélèvements financiers pesant obligatoirement ou non sur les administrés. Tous ne sont pas des impôts, mais peuvent être des redevances, des taxes ou des cotisations, qui diffèrent juridiquement de l'impôt.

a) L'impôt n'est pas une redevance

La redevance est exigée des usagers en contrepartie d'un service rendu, et n'est exigible que si les usagers utilisent effectivement le service. Elle est donc ***facultative***, à la différence de l'impôt et de la taxe. Le produit de la redevance est d'ailleurs affecté au service.

Pour aller plus loin

Le Conseil constitutionnel admet toutefois que le service rendu soit seulement futur (« *La prise en compte, dans la détermination du montant des redevances, de la rémunération des capitaux investis, ainsi que des dépenses, y compris futures, liées à la construction d'infrastructures ou d'installations nouvelles avant leur mise en service, ne retire pas à ces contributions leur caractère de redevances pour service rendu* » : *décision n° 2005-513 DC du 14 avril 2005, Loi relative aux aéroports*).

À la différence de la taxe, il y a une ***équivalence financière*** entre la redevance et le service rendu. Jusqu'en 2007, le Conseil d'État exigeait une stricte équivalence entre le montant de la redevance et le coût du service (*CE, 16 novembre 1962, Syndicat intercommunal d'électricité de la Nièvre*). Depuis 2007, cette équivalence ne signifie pas forcément une stricte égalité entre ce que vaut le service et le prix de la redevance, mais le Conseil d'État exige au moins une certaine proportion, dans une conception large de l'équivalence. Le montant de la redevance peut ainsi excéder le coût du service fourni (*CE, 16 juillet 2007, Syndicat national de défense de l'exercice libéral de la médecine*). Dans ce cas, le tarif doit être établi selon des critères objectifs et rationnels, dans le respect du principe d'égalité entre usagers du service public et des règles de la concurrence.

L'équivalence correspond finalement à un lien entre le montant de la redevance et le service octroyé par l'administration (*CE, 7 octobre 2009, Société d'équipement de Tahiti et des îles*).

b) L'impôt n'est pas une taxe

La taxe peut être définie comme la somme exigée en contrepartie de prestations offertes par un service public ou par l'utilisation d'un ouvrage public. À la différence de la redevance, il n'y a ***pas d'équivalence financière*** entre le montant de la taxe et le service rendu. En outre, la taxe est ***obligatoire***, même si l'on n'utilise pas le service ou l'ouvrage public. Par exemple, la taxe d'enlèvement des ordures ménagères est due par tous les contribuables, même ceux n'utilisant pas ce service et recyclant leurs déchets ; une taxe instituée pour l'entretien d'un pont entre une île et le continent est due par tous les habitants de l'île, même s'ils ne la quittent jamais.

c) L'impôt n'est pas une cotisation

Les ***cotisations sociales*** sont des versements faits aux organismes de sécurité sociale afin d'acquérir ou de maintenir certaines ***prestations sociales***. Il s'agit certes de ***prélèvements obligatoires***, mais au contraire de l'impôt, les administrés reçoivent ***une contrepartie directe***, l'assurance pour la couverture de certains risques (maladie, accident du travail, invalidité, décès, chômage) ou de certaines charges (maternité, logement...).

À ce titre, il convient de ne pas confondre ***les impôts à vocation sociale*** (contribution sociale généralisée – CSG –, contribution au remboursement de la dette sociale – CRDS –, et les autres contributions destinées à financer le déficit de la Sécurité sociale) et ***les cotisations sociales***. Ainsi, pour le Conseil constitutionnel, ces contributions sont destinées à assurer le financement des dépenses des régimes obligatoires de Sécurité sociale et des organismes concourant au financement de ces régimes ou à l'amortissement de leur dette et ne constituent pas des cotisations ouvrant des droits aux prestations et avantages servis par ces régimes (*décision n° 2012-654 DC du 9 août 2012, Loi de finances rectificative pour 2012*).

Cette interprétation n'est toutefois pas celle de la CJUE (Cour de justice de l'Union européenne), qui estime que la CSG et la CRDS présentent un lien direct et suffisamment pertinent avec la sécurité sociale, du fait qu'elles ont pour objectif spécifique et direct de financer la sécurité sociale ou d'apurer les déficits du régime général de sécurité sociale (voir notamment *CJUE, 26 février 2015, Gérard de Ruyter*).

d) L'antithèse de l'impôt : les dépenses fiscales

Les ***dépenses fiscales*** (*tax expenditures*) sont apparues dans le vocabulaire spécialisé en 1967 en Allemagne et aux États-Unis. Elles sont encore connues sous le nom de ***niches fiscales*** (*tax shelters*), car le contribuable souhaitant échapper à l'impôt peut s'y abriter en toute légalité. Cette appellation a été donnée en 1979 par le Conseil des impôts aux dispositifs dont la mise en œuvre entraîne pour l'État une perte de recette fiscale et pour le contribuable un allégement de sa cotisation fiscale par rapport à ce qui aurait résulté de l'application de la norme fiscale générale. L'OCDE (Organisation de coopération et de développement économiques) les définit comme des dispositions du droit fiscal, des réglementations ou des pratiques réduisant ou reportant l'impôt dû pour une partie des contribuables par rapport à un système de référence (rapport de février 2010).

Les ***niches fiscales*** sont ainsi des ***mesures fiscales dérogatoires*** (exonérations, abattements, crédits, réductions, dégrèvements, taux réduits d'imposition, reports d'impôts, quotient familial, plafonnement des impôts, décote, non-recouvrement en cas de montant trop faible...), lesquelles répondent le plus souvent à un objectif d'intérêt général (politique sociale, économique, écologique...). Les collectivités publiques n'accordent donc pas de subvention pour favoriser une activité, mais une diminution de la contribution fiscale.

Pour aller plus loin

La Loi organique relative aux lois de finances du 1er août 2001 impose l'évaluation de ces niches pour chaque programme budgétaire. De même, un communiqué de la Commission européenne du 30 mai 2012 (communiqué IP/12/513) recommande aux États de réduire et de rationaliser les dépenses fiscales. Effet pervers du modèle fiscal français frappé par une multiplication anarchique des prélèvements, les niches rendent le système trop complexe pour une efficacité douteuse et surtout un poids budgétaire trop important.

Le Conseil des impôts recensait 418 niches fiscales en 2003 (dont 174 pour le seul impôt sur le revenu), 466 en 2006, 469 en 2009, représentant 70 milliards d'euros de pertes fiscales, soit 20 % des recettes fiscales. En 2012, ces pertes sont toujours élevées puisque les niches sont encore au nombre de 491 et représentent 66 milliards d'euros, et ce en dépit des tentatives pour les réduire.

Les niches fiscales sont en effet plafonnées depuis 2008. Un plafonnement a d'abord été fixé pour certaines d'entre elles (notamment les investissements en Outre-mer), puis une réduction globale de certaines niches (rabot) ainsi qu'un plafonnement global ont été instaurés : ces niches accordées au foyer fiscal ne peuvent ainsi procurer une réduction du montant de l'impôt supérieure à une certaine somme. Ce plafond avait été fixé à 25 000 euros et 10 % du revenu imposable en 2008, mais il a été abaissé fréquemment :

- la loi du 28 décembre 2011 fixe ce plafond à 18 000 euros majorés de 4 % du montant du revenu imposable ;

– et la loi de finances pour 2013 du 29 décembre 2012 instaure un plafond de 10 000 euros en supprimant la part des revenus de 4 %.

Curieusement toutefois, certaines niches fiscales importantes sont exclues du plafond, telle la niche pour investissement en Outre-mer. On estime en outre que les montants gagnés par l'État grâce à l'application du plafond sont relativement faibles (quelques centaines de millions d'euros).

Pour aller plus loin

Dans la décision n° 2012-654 DC du 9 août 2012 (*Loi de finances rectificative pour 2012*), le Conseil constitutionnel apprécie la liberté du législateur de supprimer certaines niches fiscales. Ainsi, à propos du retour à la fiscalisation des heures supplémentaires et complémentaires, le Conseil estime qu'il était loisible au législateur de modifier le dispositif d'exonérations fiscales et sociales attachées à ces heures. Il estime aussi que la différence de traitement qui résulte de la succession de deux régimes juridiques dans le temps n'est pas, en elle-même, contraire au principe d'égalité. En effet, les différences de traitement entre salariés, selon qu'ils ont effectué des heures supplémentaires ou complémentaires avant ou après le 1er août 2012, résultent de la succession de deux régimes juridiques dans le temps ; par suite, elles ne méconnaissent pas le principe d'égalité.

■ *Les notions accessoires à l'impôt*

a) L'assiette, la liquidation, le recouvrement

1) L'assiette

L'assiette de l'impôt est constituée d'une ***matière imposable***, par exemple un revenu ou un bien. L'évaluation de la matière imposable permet de déterminer la ***base imposable***, à partir de laquelle l'impôt peut être calculé.

Le plus souvent, l'assiette sera déduite de la valeur de la matière imposable (revenus, patrimoine). On parle alors d'***impôts ad valorem***. En revanche, lorsque l'impôt ne dépend pas de l'assiette, on parle d'***impôts spécifiques*** : il peut s'agir de droits fixes, par exemple 375 ou 500 euros pour les actes relatifs à la vie d'une société, ou de droits dépendant des caractéristiques de l'assiette, par exemple la teneur en alcool d'une boisson.

L'évaluation de l'assiette peut être réalisée par le contribuable lui-même, car il est le mieux à même de connaître ses revenus ou son patrimoine. La ***déclaration*** est donc le premier moyen pour l'administration d'identifier les éléments imposables. Toutefois, l'administration peut toujours apporter la preuve que cette assiette a été sous-évaluée. Notamment en cas de disproportion marquée entre le train de vie d'un contribuable et ses revenus, l'administration fiscale peut elle-même porter la base d'imposition de l'impôt sur le revenu à une somme forfaitaire déterminée en appliquant à certains éléments de ce train de vie un barème fixé par la loi (art. 168, CGI).

Un barème est prévu par la loi pour chaque élément du train de vie. Le contribuable peut apporter la preuve que ses revenus ou les emprunts qu'il a contractés lui ont permis d'assurer son train de vie, mais il ne peut en revanche contester l'évaluation faite par l'administration fiscale.

Pour aller plus loin

Interrogé sur la constitutionnalité d'un tel procédé, le Conseil constitutionnel a émis une réserve d'interprétation dans la décision n° 2010-88 QPC du 21 janvier 2011 (*Mme Danièle B. [Évaluation du train de vie]*). Il estime ainsi que le contribuable doit également pouvoir prouver que le financement des éléments de patrimoine qu'il détient n'implique pas la possession des revenus définis forfaitairement (pour l'application de cette réserve par le Conseil d'État, voir *CE, 26 mars 2012, Mme Dana*).

En cas de défaut ou de retard du contribuable dans ses obligations déclaratives, l'administration fiscale peut procéder à une évaluation ou à une taxation d'office (voir le Chapitre 4).

Plus rarement, l'assiette fait l'objet d'une évaluation non pas réelle mais ***simplifiée***. C'est le cas le plus souvent lorsque l'assiette est modeste. Par exemple, le ***forfait agricole*** (voir le Chapitre 6) permet de connaître approximativement les bénéfices d'une exploitation en fonction de sa nature et de sa taille.

Plus généralement, le forfait est fréquemment utilisé pour évaluer des charges : par exemple, les frais professionnels des salariés sont évalués à 10 % des revenus. De même ***les régimes micro-BIC*** (bénéfices industriels et commerciaux) ***ou micro-BNC*** (bénéfices non commerciaux) permettent d'appliquer des abattements forfaitaires allant de 34 à 71 % (voir le Chapitre 6).

2) La liquidation

La liquidation est la détermination du montant de l'impôt, ou encore le calcul de l'impôt. C'est le fait générateur de l'impôt qui détermine le régime applicable à la liquidation.

Lorsque le montant souhaité de recettes fiscales est fixé à l'avance, puis réparti entre les contribuables, il s'agit d'un ***impôt de répartition***. Ce système pratiqué sous l'Ancien régime étant source d'injustice, il est aujourd'hui remplacé par l'***impôt de quotité*** : seule l'assiette et le taux sont fixés à l'avance, et on ne connaît donc pas le rendement final de l'impôt. Toutefois, des prévisions sont réalisées et intégrées dans les lois de finances annuelles afin d'ajuster les taux aux besoins réels de l'État.

Lorsque le législateur choisit de créer un impôt calculé à partir d'un taux unique, il s'agit d'un ***impôt proportionnel***. La taxe sur la valeur ajoutée (TVA), la contribution sociale généralisée, la contribution au remboursement de la dette sociale, sont par exemple des impôts proportionnels, car il existe un seul taux d'imposition applicable à la base imposable, quelle que soit sa valeur.

Dans certains États, il existe même un seul impôt proportionnel ou *flat tax*, le plus souvent modéré, frappant tous les contribuables de la même façon.

En revanche, l'***impôt progressif*** est calculé en fonction de taux variant avec l'assiette : plus la base imposable s'accroît, plus les taux augmentent. C'est le cas notamment de l'impôt sur le revenu ou de l'impôt sur la fortune.

La liquidation peut être le fait de l'administration fiscale (impôt sur le revenu ou impôts locaux notamment), mais il revient fréquemment au contribuable lui-même de calculer le montant de l'impôt, cette liquidation s'accompagnant le plus souvent du paiement (TVA, impôt sur la fortune, impôt sur les sociétés).

3) Le recouvrement

Le recouvrement est l'opération matérielle d'encaissement de l'impôt, laquelle clôt l'opération fiscale. L'exigibilité est la date à laquelle le paiement est dû.

Le recouvrement peut s'effectuer de plusieurs façons :

- ***en argent ou en nature*** : le paiement peut être effectué en espèces jusqu'à 300 euros depuis le 1er janvier 2014 (3 000 euros auparavant), par chèque ou carte bancaire, virements, prélèvements automatiques ou titres interbancaires de paiement. Certains impôts sont prélevés à la source, sans que le contribuable n'ait quoi que ce soit à déclarer ou à acquitter lui-même. Enfin, la loi autorise le paiement en nature de certains impôts (impôts sur la fortune et les successions) ;
- ***de façon directe ou indirecte*** : l'impôt direct est perçu par voie de rôle (liste nominative de contribuables), alors que l'impôt indirect pèse sur le contribuable, mais est reversé par un intermédiaire redevable, tel le commerçant s'acquittant de la TVA ;
- ***après réception d'un avis, ou spontanément*** : pour les impôts sur le revenu et les impôts directs locaux, le recouvrement intervient à la suite de la mise en recouvrement du rôle, dont la date est portée à la connaissance du contribuable dans l'***avis d'imposition***. Au contraire, les autres impôts sont acquittés le jour de l'exigibilité de l'impôt. L'***avis de mise en recouvrement***

(AMR) est envoyé par l'administration fiscale en cas de retard ou de défaut de paiement des impôts acquittés spontanément (TVA, impôts sur les successions ou les donations, impôt sur les sociétés).

Si le recouvrement est en principe accepté par le contribuable, l'administration fiscale dispose toutefois de procédures de ***recouvrement forcé*** à l'encontre des contribuables récalcitrants. Notamment l'avis à tiers détenteur permet de saisir les fonds appartenant au contribuable et détenus par un tiers (art. L262, LPF : « *Les dépositaires, détenteurs ou débiteurs de sommes appartenant ou devant revenir aux redevables d'impôts, de pénalités et de frais accessoires dont le recouvrement est garanti par le privilège du Trésor sont tenus, sur la demande qui leur en est faite sous forme d'avis à tiers détenteur notifié par le comptable chargé du recouvrement, de verser, aux lieu et place des redevables, les fonds qu'ils détiennent ou qu'ils doivent, à concurrence des impositions dues par ces redevables* » ; art. L263, LPF : « *L'avis à tiers détenteur a pour effet d'affecter, dès réception, les sommes dont le versement est ainsi demandé au paiement des impositions privilégiées, quelle que soit la date à laquelle les créances même conditionnelles ou à terme que le redevable possède à l'encontre du tiers détenteur deviennent effectivement exigibles* »).

L'administration fiscale peut également saisir une fraction des salaires, mais aussi utiliser des voies d'exécution permettant de vendre les biens du contribuable (saisie-vente de meubles ou saisie immobilière).

b) Les grands principes relatifs à l'impôt

1) La territorialité

En vertu du principe de territorialité de l'impôt, le système fiscal français est borné géographiquement dans l'espace de souveraineté fiscale de la France. Toutefois, cet espace ne correspond pas systématiquement au territoire français. Ainsi la puissance fiscale française peut s'étendre au-delà des frontières (sur des biens situés à l'étranger par exemple), mais parfois aussi ne pas s'appliquer à l'intérieur même des frontières (sur des personnes travaillant à l'étranger mais résidant partiellement en France par exemple). Le Code général des impôts définit le champ d'application territorial de chaque impôt, mais des conventions fiscales entre les États peuvent prévoir des dispositions dérogatoires. Le Code s'applique donc en l'absence de convention internationale contraire.

Le principe de territorialité peut être opposé à celui de la nationalité qui est appliqué aux États-Unis : depuis 1864, le paiement de l'impôt sur le revenu est associé à la nationalité américaine et, pour se libérer de cet impôt, il faut renoncer à cette nationalité. L'instauration d'un lien entre la nationalité et le paiement des impôts en France fait l'objet de nombreuses propositions : celles visant à imposer en France les expatriés fiscaux, et celles visant à accorder la nationalité française aux étrangers qui payent des impôts en France.

2) La progressivité

La progressivité de l'impôt suppose que celui-ci augmente avec les capacités contributives de chaque contribuable. Si certains impôts sont certes liquidés en fonction d'un taux progressif (impôt sur le revenu, impôt sur la fortune), beaucoup d'autres sont des impôts proportionnels (TVA, CSG, CRDS, impôt sur les sociétés). La progressivité n'a d'ailleurs pas de fondement constitutionnel. Certains impôts sont même dégressifs (par exemple, les cessions d'actions sont soumises à un impôt dégressif par tranches – art. 726, CGI).

La progressivité pourrait être appréciée également d'un point de vue global (la somme de tous les impôts). Or les études montrent que les prélèvements sur les ménages (impôt sur le revenu, CSG et CRDS, TVA et impôts locaux) sont d'abord dégressifs puis proportionnels. Les réformes récentes tentent toutefois de rétablir une certaine progressivité en taxant davantage les hauts revenus (suppression du bouclier fiscal, création d'une contribution exceptionnelle sur les hauts revenus et d'une contribution exceptionnelle de solidarité sur les très hauts revenus d'activité, relèvement de l'imposition des revenus du patrimoine et du capital, réduction des niches fiscales, etc.).

3) L'égalité

L'égalité devant l'impôt, proclamée par les révolutionnaires (voir le Chapitre 3), ne signifie pas une égalité mathématique : nous ne payons pas tous la même somme d'impôt. Elle signifie une égalité en fonction des capacités de chacun, ou ***facultés contributives***. En d'autres termes, l'impôt doit être adapté aux ressources de chaque contribuable.

2 Historique du système fiscal français

L'impôt a d'abord une origine religieuse, en nature (offrandes ou sacrifices) puis en argent (l'impôt religieux existe encore dans certains pays, par exemple en Suisse et en Allemagne ; il faut alors déclarer ne pas appartenir à la religion majoritaire pour en être dispensé).

Ce n'est que sous l'Ancien régime en France qu'il devient un instrument de la puissance du monarque ou de l'État. L'impôt est la prérogative régalienne par excellence, d'autant plus qu'il finance d'abord les dépenses militaires.

L'héritage de l'Ancien régime

L'Ancien régime est sans doute le symbole de l'injustice fiscale et de l'accumulation irrationnelle d'impôts. Coexistent ainsi :

- des impôts ecclésiastiques (dîme) ;
- des impôts seigneuriaux (banalités sur le moulin, le four ou le pressoir) ;
- des impôts en argent et en nature, sous la forme de corvées (journées de travail non rémunérées), ou de denrées alimentaires ;
- des impôts directs ou indirects (aides) ;
- des impôts sur le commerce (droits de maîtrise et de jurande, ancêtres de la patente).

Toutefois, certains impôts actuels trouvent leur origine au Moyen Âge, et ont perduré sous une forme plus moderne.

La gabelle, impôt sur la consommation de sel créé en 1355, ne fut définitivement supprimée qu'en 1945.

À partir du XVe siècle, la taille pèse sur les revenus fonciers et produits de l'industrie. La capitation, créée en 1695, est un impôt sur le revenu dépendant de l'état ou de la profession du contribuable. Elle est d'abord prélevée sur les corporations qui la répartissent entre leurs membres.

Enfin à partir de 1710, les ancêtres plus proches de l'impôt sur le revenu prennent le nom de dixième, vingtième ou cinquantième en fonction de leurs taux.

L'apport de la Révolution

Le système fiscal révolutionnaire est fondé sur une réaction à l'encontre des injustices de l'Ancien régime. Les principes révolutionnaires sont les suivants :

- le ***consentement à l'impôt***. L'article 14 de la Déclaration des droits de l'homme dispose ainsi : « *Tous les citoyens ont le droit de constater, par eux-mêmes ou par leurs représentants, la nécessité de la contribution publique, de la consentir librement, d'en suivre l'emploi et d'en déterminer la quotité, l'assiette, le recouvrement et la durée* » ;
- les ***principes d'égalité et de nécessité de l'impôt***. L'article 13 de la Déclaration tente de revenir sur l'injustice de l'impôt : « *Pour l'entretien de la force publique, et pour les dépenses d'administration, une contribution commune est indispensable. Elle doit être également répartie entre tous les citoyens, en raison de leurs facultés* ».

Les révolutionnaires souhaitent supprimer définitivement les impôts les plus injustes, car acquittés sans considération de la capacité contributive. Il s'agit essentiellement des impôts sur la dépense, dont le symbole est la gabelle.

Le système fiscal révolutionnaire est donc uniquement composé d'impôts directs appelés « les quatre vieilles contributions » ou « quatre vieilles », pesant surtout sur le patrimoine et ses revenus, et non sur l'activité.

Il s'agit de :

– la ***contribution foncière*** (lois des 23 novembre et 1er décembre 1790) ;
– la ***contribution mobilière*** (lois des 13 janvier et 18 février 1791) ;
– la ***patente*** (lois des 2 et 17 mars 1791) due par les commerçants ;
– la ***contribution sur les portes et fenêtres*** (loi du 4 frimaire an VII, supprimée en 1926) portant sur les ouvertures d'un immeuble sur la rue, ce qui a conduit les propriétaires à limiter ou à murer ces ouvertures.

Toutefois, le rendement financier de ces seuls impôts directs était loin d'être suffisant, et les impôts indirects sont rétablis dès le Directoire (droits sur les alcools ou le tabac), représentant près de 80 % de la fiscalité au début du XXe siècle. Dès 1848, l'idée d'un impôt progressif sur le revenu fait son apparition.

Le système fiscal du XIXe siècle reste cependant presque inchangé, et les impôts révolutionnaires ne sont modernisés qu'au milieu du XXe siècle.

Le système fiscal moderne

Le système fiscal actuel est surtout né de la nécessité de trouver de nouvelles recettes, essentiellement à la suite des deux guerres mondiales et des différentes crises économiques. L'impôt sur le revenu naît ainsi à l'occasion de la première guerre mondiale, dans deux lois des 15 juillet 1914 et 31 juillet 1917.

Une réforme de 1959 lui donne sa forme actuelle (loi du 28 décembre 1959). Pour la première fois en France, l'impôt tient compte de la situation familiale des contribuables, et perd en neutralité. Il convient d'orienter les comportements, et notamment de favoriser la natalité, en faisant bénéficier les familles d'une réduction d'impôt grâce au quotient familial.

À la suite de la seconde guerre mondiale, c'est l'imposition des sociétés qui est instaurée, alors même que, jusqu'alors, seules les personnes physiques étaient considérées comme des contribuables, car elles seules peuvent consentir à l'impôt. L'impôt sur les bénéfices des sociétés est créé par un décret du 9 décembre 1948. La TVA apparaît ensuite en 1954, complétant l'imposition des entreprises.

Les années 1980 et 1990 voient la création de nouveaux impôts ayant une vocation sociale. L'impôt de solidarité sur la fortune a certes une forte connotation politique, mais il a aussi pour objectif de financer la protection contre le chômage. Les déficits et la dette de la Sécurité sociale ont ensuite justifié la création de la contribution sociale généralisée et de la contribution au remboursement de la dette sociale en 1990 et 1996.

Les impôts contemporains sont enfin marqués par la volonté de mettre la fiscalité au service de politiques d'intérêt général (économiques, sociales, sanitaires ou environnementales), telle la lutte contre l'obésité, le chômage ou l'alcoolisme, ou encore la limitation du rejet de gaz à effet de serre.

Aujourd'hui, le système fiscal est caractérisé par un enchevêtrement d'impôts en tous genres. Les dépenses publiques représentent plus de 56 % du PIB (la France étant au 2e rang des pays de l'OCDE après le Danemark), pour 44 % de prélèvements obligatoires (contre 37 % en Allemagne).

Cette accumulation d'impôts n'est sans doute pas une réalité strictement française : le communiqué de la Commission européenne du 30 mai 2012 (communiqué IP/12/513) recommande ainsi aux États de simplifier et d'équilibrer leur système fiscal, et de déplacer la pression fiscale du travail vers d'autres formes de fiscalité pesant moins sur la croissance et la compétitivité extérieure, par exemple les taxes vertes et les taxes sur la consommation.

3 Cadre du système fiscal français

Le système fiscal est l'un des symboles de la souveraineté d'un État. Prérogative régalienne par excellence, la politique fiscale est cependant encadrée au niveau international, et surtout européen.

■ *L'environnement international*

a) Les conventions fiscales

Les conventions fiscales apparues vers le milieu du XIXe siècle (une convention entre la France et la Belgique avait déjà été conclue en 1843) se sont surtout développées dans les années 1950 sous l'égide de l'Organisation de coopération et de développement économiques. L'OCDE a en effet élaboré un modèle de convention afin d'inciter les États à conclure ce type d'accords, ce modèle ayant été actualisé en 2008. Un modèle élaboré par l'Organisation des Nations unies existe également (depuis 1979, modifié en 2003), destiné aux pays en développement.

À ce jour, il existe plus de 2 500 ***conventions fiscales bilatérales*** au niveau mondial.

Les raisons de ce phénomène sont simples : les régimes fiscaux des États entrent en concurrence, le droit fiscal est très étroitement lié à la souveraineté, il y a très peu d'harmonisation fiscale entre les États.

L'absence d'harmonisation peut avoir plusieurs types de conséquences : les doubles impositions ou à l'inverse l'absence d'imposition ou l'évasion fiscale. À cet effet, les conventions sont fondées soit sur la méthode de l'exonération (imposition dans un État et pas dans l'autre) soit sur la méthode de l'imputation permettant l'imposition dans l'État de la résidence principale ou de l'activité professionnelle, déduction faite de l'imposition subie dans l'autre État au titre des activités qui y sont exercées. Cette dernière méthode est plus courante car elle permet un partage de l'imposition entre les États.

La plupart des conventions comprennent également un principe de non-discrimination ou d'égalité de traitement entre les nationaux et les ressortissants de l'État signataire.

Certaines conventions organisent en outre une coopération consistant en l'échange de renseignements sur demande ou en une assistance fiscale internationale, comme par exemple l'assistance au contrôle de l'impôt ou l'assistance au recouvrement. L'OCDE suggère même en 2012 que les conventions fiscales comportent également des clauses d'échange de renseignements automatiques, et non plus seulement sur demande.

Aujourd'hui, la France a conclu près de 130 conventions, comme par exemple celle du 21 octobre 2010 avec Hong Kong ou celle du 31 juin 2011 avec le Panama. Une convention du 18 mai 1963 avec Monaco prévoit notamment que les Français transférant leur domicile à Monaco qui ne peuvent justifier de cinq ans de résidence habituelle à Monaco à la date du 13 octobre 1962 sont assujettis en France à l'impôt sur le revenu « *dans les mêmes conditions que s'ils avaient leur domicile en France* ».

Une convention franco-américaine ratifiée le 29 septembre 2014 par la France vise quant à elle à mettre en œuvre la loi américaine de 2010 (*FATCA – Foreign Account Tax Compliance Act*) qui oblige les banques étrangères à transmettre à l'administration fiscale américaine des informations concernant les comptes détenus par les citoyens américains.

Notons enfin qu'il existe des ***accords multilatéraux*** concernant les procédures fiscales comme celui sur l'échange automatique de renseignements relatifs aux comptes financiers du 29 octobre 2014.

b) Les paradis fiscaux

Les actifs financiers de particuliers dissimulés dans des paradis fiscaux atteindraient 17 000 milliards d'euros. Ces paradis fiscaux sont toutefois assez difficiles à définir. Pour les identifier, l'OCDE a dégagé une série de critères :

- une fiscalité très faible voire inexistante, pesant notamment sur les entreprises ;
- l'absence de nécessité d'exercer une activité substantielle pour les entreprises qui s'y localisent ;
- l'absence de transparence ou d'échange des renseignements fiscaux.

La lutte contre les paradis fiscaux s'est intensifiée à la suite du G20 de Londres du 2 avril 2009. À cette occasion, l'OCDE publie une liste « noire » des pays qui ne sont pas prêts à coopérer avec le fisc étranger (États et territoires non coopératifs – ETNC), une liste « grise » des pays qui s'y sont engagés, et une liste « blanche » de ceux qui ont conclu des conventions fiscales avec au moins douze pays, portant sur l'échange de renseignements en matière fiscale.

Le Code général des impôts est donc modifié par la loi du 30 décembre 2009, intégrant cette classification dans un nouvel article 238-0 A : « *Sont considérés comme non coopératifs, à la date du 1er janvier 2010, les États et territoires non-membres de la Communauté européenne dont la situation au regard de la transparence et de l'échange d'informations en matière fiscale a fait l'objet d'un examen par l'Organisation de coopération et de développement économiques et qui, à cette date, n'ont pas conclu avec la France une convention d'assistance administrative permettant l'échange de tout renseignement nécessaire à l'application de la législation fiscale des parties, ni signé avec au moins douze États ou territoires une telle convention. La liste des États et territoires non coopératifs est fixée par un arrêté des ministres chargés de l'économie et du budget après avis du ministre des affaires étrangères* ».

En conséquence, la liste des États ou territoires non coopératifs au sens de l'article 238-0 A du CGI est fixée par arrêté ministériel tous les ans. En 2014, celle-ci comprend notamment le Botswana, Brunei, le Guatemala, les îles Marshall, Montserrat ou Nauru.

La lutte contre les paradis fiscaux consiste en un traitement fiscal dissuasif en cas d'investissement ou d'opération financière dans un ETNC. Par exemple, les paiements effectués par une société établie en France au profit des personnes physiques ou morales qui sont établies dans un ETNC, ne sont admis comme charges déductibles pour l'établissement de l'impôt sur les sociétés que si le débiteur apporte la preuve que les dépenses correspondent à des opérations réelles et qu'elles ne présentent pas un caractère anormal ou exagéré (art. 238 A, CGI).

Le Conseil constitutionnel valide la plupart de ces dispositifs, justement à la condition que le contribuable puisse être admis à apporter la preuve que l'opération réalisée dans un tel territoire ou État correspond à une opération réelle qui n'a ni pour objet, ni pour effet, de permettre, dans un but de fraude fiscale, la localisation de bénéfices dans cet ETNC (*décision n° 2014-437 QPC du 20 janvier 2015, Association française des entreprises privées et autres [Régime fiscal d'opérations réalisées avec des États ou des territoires non coopératifs]*).

■ L'Union européenne

La primauté du droit de l'Union européenne et l'obligation pour les juridictions internes d'écarter toute norme contraire à ce droit (*arrêts de la Cour de justice des Communautés européennes des 5 février 1963, Van Gend en Loos et 9 mars 1978, Simmenthal*) s'appliquent également à la matière fiscale. Néanmoins, ce domaine est encore difficilement perméable à de trop grandes intrusions du droit de l'Union, en raison du caractère régalien de l'activité fiscale.

L'influence directe de l'Union se traduit avant tout par une harmonisation encore embryonnaire et l'interdiction de mesures fiscales incompatibles avec les grandes libertés européennes. Mais l'Union agit également indirectement sur le système fiscal, en encadrant les budgets nationaux.

a) L'influence directe de l'Union

L'Union européenne a un impact direct sur le système fiscal français car elle a commencé une œuvre d'harmonisation de certains impôts, et parce qu'elle interdit les mesures fiscales contraires aux libertés européennes.

1) L'harmonisation fiscale

L'activité fiscale étant une compétence régalienne de l'État, l'harmonisation fiscale est encore loin d'être totale, et il existe de très grandes disparités entre les impôts sur le territoire de l'Union. L'harmonisation est en chantier depuis 1967, date du programme d'harmonisation fiscale lancé par la Commission européenne. Son objectif est alors de parvenir à l'harmonisation la plus complète possible de la TVA, à un impôt global sur les bénéfices des entreprises et à un impôt synthétique global sur les revenus des personnes physiques.

Aujourd'hui, l'harmonisation des législations est prévue par l'article 113 du Traité sur le fonctionnement de l'Union européenne (TFUE) s'agissant des taxes sur le chiffre d'affaires, des droits d'accises ou des autres contributions indirectes. Cette harmonisation a été largement mise en œuvre s'agissant de la taxe sur la valeur ajoutée.

La 6e directive du 17 mai 1977, modifiée par la directive du 28 novembre 2006, établit ainsi les règles communes s'agissant du champ d'application de l'impôt sur la dépense, seul le taux pouvant encore être fixé par les États.

Une directive du 25 février 1992 concerne quant à elle les droits d'accises (impôts spéciaux sur la consommation de tabac et d'alcool notamment). En revanche, l'harmonisation des impôts directs est aujourd'hui à l'état de projet, même si l'article 115 du TFUE autorise un rapprochement des législations qui ont une incidence directe sur l'établissement et le fonctionnement du marché intérieur. Par exemple, la directive du 23 juillet 1990 porte sur le régime fiscal des sociétés mères et filiales d'États différents.

La directive du 3 juin 2003 prévoit que les intérêts d'épargne perçus dans un autre État membre sont imposés conformément à la législation de cet État. La Commission européenne a également publié le 16 mars 2011 une proposition de directive sur l'assiette commune consolidée de l'impôt sur les sociétés visant à instaurer un corps unique de règles applicables au sein de l'Union européenne pour la détermination du résultat imposable des sociétés.

En outre, en marge de l'harmonisation de la fiscalité en tant que telle, le droit de l'Union porte également sur l'harmonisation des procédures d'assistance entre les États membres. La fraude fiscale est en effet évaluée à 250 milliards d'euros par la Commission européenne, dont 40 milliards s'agissant de la TVA. Une directive du Conseil du 16 mars 2010 porte notamment sur l'assistance mutuelle en matière de recouvrement des impôts, cette assistance ayant été renforcée à cette occasion.

En France, un décret du 28 mars 2012 prévoit les modalités pratiques de cette coopération, qui consiste par exemple en un formulaire unique transmis par voie électronique et comprenant certaines mentions obligatoires facilitant l'identification des créances concernées.

De même, une directive du 15 février 2011 concerne la coopération administrative dans le domaine fiscal, et devait être transposée par les États membres avant le 1er janvier 2013. Relative aux impôts directs, elle prône surtout le recours aux contrôles simultanés (contrôle d'un contribuable sur le territoire de plusieurs États membres), tels qu'ils peuvent exister en matière de TVA (directive du 6 décembre 1979 et règlement du 7 octobre 2003).

Enfin, notons que si l'harmonisation fiscale sur l'ensemble du territoire de l'Union reste très lointaine, des projets plus restreints voient le jour entre certains États de l'Union, notamment entre la France et l'Allemagne. La « convergence fiscale franco-allemande » fait l'objet de réflexions approfondies, particulièrement depuis le sommet franco-allemand du 16 août 2011.

2) L'interdiction des mesures fiscales restrictives de liberté

Les grandes libertés européennes sont le fondement de l'Union et du marché commun : libertés de circulation des personnes, des marchandises, des capitaux, des services. Toute entrave à ces libertés est interdite par le droit de l'Union, et ces entraves peuvent notamment être fiscales.

- La libre circulation des marchandises

Plusieurs mesures fiscales sont susceptibles d'affecter la libre circulation des marchandises, et de ce fait, sont interdites par le droit de l'Union.

L'article 30 du Traité sur le fonctionnement de l'Union européenne interdit les ***taxes d'effet équivalent aux droits de douane***. L'abolition des barrières douanières implique l'interdiction des droits de douane et de toute autre mesure équivalente.

Pour aller plus loin

En l'absence de définition des taxes d'effet équivalent aux droits de douane dans le Traité, la Cour de justice a indiqué qu'il s'agit de « *toute charge pécuniaire, fût-elle minime, unilatéralement imposée, quelles que soient son appellation et sa technique, et frappant les marchandises nationales ou étrangères à raison du fait qu'elles franchissent la frontière* » (*CJCE, 1er juillet 1969, Commission c/Italie*). Par exemple, il peut s'agir de l'instauration de règles techniques coûteuses pour la mise aux normes de produits importés (*CJCE, 20 février 1979, affaire dite Cassis de Dijon*).

Les articles 107 à 109 TFUE encadrent ensuite les ***aides publiques*** (art. 107, TFUE : « *Sont incompatibles avec le marché intérieur, dans la mesure où elles affectent les échanges entre États membres, les aides accordées par les États ou au moyen de ressources d'État sous quelque forme que ce soit qui faussent ou qui menacent de fausser la concurrence en favorisant certaines entreprises ou certaines productions* »).

Certaines aides sont cependant jugées compatibles avec le marché intérieur, comme les aides à caractère social ou les aides consécutives à une calamité naturelle. Afin de contrôler l'application du Traité, toutes les aides publiques doivent être notifiées à la Commission européenne, et les aides incompatibles avec le Traité doivent faire l'objet d'une procédure de récupération par les États.

Pour aller plus loin

La Cour de justice a par exemple ordonné la restitution à la France de plus de deux milliards d'euros d'aides perçues sous la forme d'avantages fiscaux par France Telecom (arrêt du 8 décembre 2011) et EDF (arrêt du 20 octobre 2011). De même, l'exonération de la taxe foncière d'un terrain appartenant à l'État constitue une aide d'État lorsque la charge de la taxe est répercutée sur l'entreprise disposant de cette parcelle et y produisant des biens faisant l'objet d'échanges dans l'Union (*CJUE, 9 octobre 2014, Ministerio de Defensa et Navantia SA*). En revanche, le Tribunal de l'Union européenne a estimé que la situation exceptionnelle de la Grèce justifiait le sursis à exécution de la décision de la Commission européenne ordonnant la récupération des aides (ordonnance 20 septembre 2012, *République hellénique c/Commission* : « *Dans les circonstances exceptionnelles qui marquent actuellement la situation économique et sociale en Grèce, il convient […] de reconnaître la priorité aux intérêts invoqués par la République hellénique consistant, d'une part, à préserver la paix sociale et à prévenir les troubles sociaux et, d'autre part, à pouvoir concentrer les capacités de son administration fiscale sur les missions qu'elle considère comme primordiales pour le pays* »).

Enfin, l'article 110 TFUE interdit les ***impositions intérieures discriminatoires*** (« *Aucun État membre ne frappe directement ou indirectement les produits des autres États membres d'impositions intérieures, de quelque nature qu'elles soient, supérieures à celles qui frappent directement ou indirectement les produits nationaux similaires* »). Il s'agit des impositions frappant spécifiquement les produits d'un autre État membre et non les produits nationaux comparables. Plus subtilement, un État frappe d'une imposition intérieure discriminatoire des produits importés lorsque sa propre production est presque inexistante (par exemple, la taxe italienne sur les bananes est discriminatoire car l'Italie importe plus de cent mille tonnes de bananes pour une production locale de seulement cent tonnes : *CJCE, 7 mai 1987, Cooperativa Co. frutta*).

- LA LIBRE CIRCULATION DES PERSONNES

Aucune mesure fiscale ne peut entraver la libre circulation des personnes (art. 45, TFUE), ou encore la liberté d'établissement (art. 49, TFUE).

Par exemple, l'imposition des plus-values latentes (c'est-à-dire non réalisées) en cas de délocalisation hors de France (*exit tax*) a été jugée contraire au droit communautaire par la Cour de justice (*CJCE, 11 mars 2004, De Lasteyrie du Saillant*).

De la même façon, la Cour de justice estime que le système néerlandais imposant le transfert de siège d'une société dans un autre État membre est contraire à la liberté d'établissement, le transfert de siège à l'intérieur du territoire ne donnant pas lieu à une telle imposition (*CJUE, 29 novembre 2011, National Grid Indus BV*).

La Cour de justice a également condamné une inégalité de traitement pour la prise en compte, par la société mère, des pertes de sa filiale, selon que cette dernière est établie dans le même État membre que la société mère ou non (*CJUE, 3 février 2015, Commission c/Royaume-Uni*). Enfin, les ressortissants de l'Union doivent bénéficier des mêmes avantages fiscaux que les nationaux, s'agissant par exemple de la prise en compte de la situation familiale pour le calcul de l'impôt sur le revenu (*CJCE, 14 février 1995, Schumacker*).

- LA LIBRE CIRCULATION DES SERVICES

Les mesures fiscales ne peuvent pas non plus être un obstacle à la libre prestation des services (art. 56, TFUE).

Par exemple, dans l'arrêt du 29 avril 1998 (*Jessica Safir*), la CJCE condamne une disposition fiscale suédoise prévoyant une imposition plus importante d'une prestation d'assurance-vie lorsque l'entreprise n'est pas établie en Suède. De même, la CJUE considère que la libre prestation de services s'oppose à la législation italienne qui soumet à l'impôt sur le revenu les gains issus de jeux de hasard réalisés dans des établissements situés dans d'autres États membres et exonère les revenus similaires situés sur son territoire national (*CJUE, 22 octobre 2014, MM. Blanco et Fabretti*).

- LA LIBRE CIRCULATION DES CAPITAUX

Enfin, aucune mesure fiscale ne peut porter atteinte à la libre circulation des capitaux (art. 63, TFUE), c'est-à-dire instaurer une discrimination fondée sur l'imposition du capital (*CJCE, 11 décembre 2003, Héritiers de M. Barbier*).

Par exemple, dans un arrêt du 27 janvier 2009 (*Hein Persche*), la CJCE a estimé qu'un avantage fiscal accordé aux contribuables à raison de dons effectués au profit d'organismes d'intérêt général est contraire au droit communautaire lorsqu'il s'applique seulement aux dons effectués auprès d'organismes situés sur le territoire national. Il s'agit en effet d'une entrave à la liberté de circulation des capitaux, lorsque les organismes non-résidents satisfont aux conditions imposées par la législation nationale pour l'octroi de cet avantage fiscal. Cet arrêt rendu à propos de la législation portugaise a nécessité une modification de la loi française qui instaurait la même discrimination (loi de finances rectificative pour 2010 du 30 décembre 2009).

De la même façon, la Cour de justice considère que l'imposition des OPCVM (Organismes de placement collectif en valeurs mobilières) étrangers sur les dividendes de source française distribués (retenue à la source de 25 %) est contraire au droit de l'Union, lorsque les OPCVM français sont exonérés (*CJUE, 10 mai 2012, Santander Asset Management SGIIC*). La Cour identifie en effet une différence de traitement caractérisant une atteinte à la libre circulation des capitaux car elle dissuade les OPCVM non-résidents de procéder à des investissements en France et les investisseurs français d'acquérir des parts dans ces OPCVM étrangers.

En conséquence, la loi de finances rectificative du 16 août 2012 supprime la retenue à la source sur les dividendes versés à des organismes de placement collectif étrangers.

Enfin, la Cour de justice estime qu'en matière de droits de succession, le lieu de résidence de l'héritier ou du défunt ne peut fonder une différence de traitement fiscal (*CJUE, 17 octobre 2013, Yvon Welte*).

Notons toutefois qu'un motif de protection du patrimoine d'un État membre pourrait justifier une exonération d'impôts (en l'espèce, les droits de donation) afférents à des propriétés protégées en raison de leur intérêt historique ou culturel et réservée aux biens situés sur le territoire (*CJUE, 18 décembre 2014, 2 arrêts contre les Pays-Bas*).

b) L'influence indirecte de l'Union : l'encadrement des budgets nationaux

1) L'encadrement des budgets nationaux jusqu'en 2012

L'accroissement des dépenses publiques à la fin de la seconde guerre mondiale (sous l'influence des idées keynésiennes), mais aussi lors des crises économiques dans les années 1970 et encore récemment en 2008, accompagné d'une croissance faible, ont pour conséquence l'apparition de déficits budgétaires et de dettes publiques considérables. L'encadrement des budgets nationaux par le droit de l'Union a un impact sur la fiscalité française puisque la réduction des déficits et de la dette est induite soit par la réduction des dépenses, soit par une hausse des recettes, notamment des impôts.

Le Traité de Maastricht en 1992 encadre les déficits et les dettes au niveau national par des ***critères de convergence*** (le déficit et la dette doivent respectivement être inférieurs à 3 % et 60 % du PIB).

Le Conseil européen d'Amsterdam du 17 juin 1997 adopte ensuite le Pacte de stabilité et de croissance. Celui-ci comporte un volet ***préventif*** : les États membres de l'Union européenne doivent établir des programmes de maîtrise de leurs finances publiques pendant trois à cinq ans, ces programmes étant examinés par la Commission européenne. On sait cependant aujourd'hui que la falsification des données par certains pays (notamment la Grèce) a empêché la Commission d'exercer un véritable contrôle de ces engagements. Le second volet du pacte est ***répressif*** : les sanctions financières initialement prévues ont cependant été assouplies en 2005 à la demande de la France et de l'Allemagne. Ainsi, la procédure des déficits publics excessifs ne peut pas être engagée en situation de récession.

2) Le Traité sur la stabilité, la coordination et la gouvernance du 2 mars 2012

Le ***Traité sur la stabilité, la coordination et la gouvernance (TSCG)***, ou pacte budgétaire européen a été signé le 2 mars 2012 à Bruxelles par les chefs d'État et de gouvernement de 25 États membres de l'Union européenne (le Royaume-Uni et la République tchèque n'ayant pas souhaité y prendre part). Ce traité prévoit l'application de règles renforcées en matière de lutte contre les déficits et l'endettement public mais aussi de sanctions contre les États. Son entrée en vigueur le 1er janvier 2013 était subordonnée à la ratification par 12 États sur 25 ; le Traité s'appliquant alors à ces 12 États. Les autres États peuvent ensuite également procéder à la ratification s'ils le souhaitent.

En France, le Conseil constitutionnel a jugé que la ratification du traité ne nécessitait pas une révision de la Constitution (*décision n° 2012-653 DC du 9 août 2012, Traité sur la stabilité, la coordination et la gouvernance au sein de l'Union économique et monétaire*). La ratification a ensuite été autorisée par le Parlement dans la loi du 22 octobre 2012.

Le pacte prévoit que les budgets des États doivent être en excédent ou en équilibre, le déficit budgétaire structurel pouvant toutefois aller jusqu'à 0,5 % du PIB. Lorsque le budget d'un pays est en déficit, des « objectifs de moyen terme » de déficit sont assignés aux États, qui doivent être mis en place selon un calendrier de convergence établi par la Commission européenne.

Un mécanisme de correction doit automatiquement être mis en œuvre si l'État s'écarte de ses objectifs, mécanisme défini en droit national selon des principes communs proposés par la Commission. En outre, lorsqu'un État fait l'objet d'une procédure de déficit excessif au sens des traités européens, il doit mettre en place un « programme de partenariat budgétaire et économique » détaillant les réformes qu'il s'engage à réaliser. Ce programme est présenté pour accord au Conseil de l'Union européenne et à la Commission, qui en contrôlent la mise en œuvre.

En cas de procédure de déficit excessif lancée contre un État, une majorité qualifiée d'États est nécessaire pour s'opposer à l'application des recommandations de la Commission. Si aucune majorité qualifiée d'États n'exprime son opposition, les États de la zone euro s'engagent à soutenir ces recommandations.

S'agissant de la ***dette***, lorsque celle-ci est supérieure à 60 % du PIB, l'État doit la réduire « au rythme moyen » d'un vingtième par an.

Les États sont par ailleurs tenus, dans un délai d'un an maximum après l'entrée en vigueur du pacte, d'introduire dans leur droit national des ***règles nationales d'équilibre*** des comptes publics, de préférence constitutionnelles. Si la Commission ou un autre État observent des manquements à ce sujet, ils peuvent introduire un recours devant la Cour de justice.

La France a choisi de ne pas inscrire cette « règle d'or » dans la Constitution, mais dans une loi organique du 17 décembre 2012. La loi organique crée un Haut conseil des finances publiques, organisme consultatif composé du premier président de la Cour des comptes et de quatre magistrats de la Cour, de quatre membres nommés par les présidents des assemblées et les présidents des commissions des finances des deux assemblées, d'un membre nommé par le président du Conseil économique, social et environnemental ainsi que du directeur général de l'INSEE.

Le Haut conseil rend un avis obligatoire et préalable au dépôt du projet de loi de programmation des finances publiques et des projets de loi de finances et de financement de la Sécurité sociale.

Un avis obligatoire est également exigé sur les prévisions macroéconomiques sur lesquelles repose le projet de programme de stabilité.

La loi crée en outre un mécanisme de correction des écarts importants (au moins 0,5 % du PIB sur une année) par rapport à l'objectif de moyen terme ou à la trajectoire de solde structurel constatés par le Haut conseil des finances publiques.

Les acteurs du système fiscal français

PARTIE 1

Le législateur fiscal

Chapitre 1

La Constitution accorde un rôle majeur au législateur en matière de fiscalité, en vertu de l'article 14 de la Déclaration des droits de l'homme imposant un consentement des citoyens à l'impôt par l'intermédiaire des représentants. Toutefois, le législateur ne peut pas intervenir pour tous les détails de la fiscalité. Le pouvoir réglementaire est donc compétent pour compléter les règles législatives, et l'administration fiscale pour interpréter ces règles (voir le Chapitre 2).

1 La compétence législative en matière fiscale

■ *La notion d'impositions de toute nature*

L'article 34 de la Constitution de la Ve République indique que la loi fixe les règles concernant « *l'assiette, le taux et les modalités de recouvrement des impositions de toutes natures* ». Cette disposition semble attribuer une compétence fiscale pleine et entière au législateur, mais elle doit être interprétée à la lumière de la jurisprudence du Conseil constitutionnel. En effet, la notion d'impositions de toutes natures n'est pas définie dans le texte même de la Constitution ; le Conseil constitutionnel y inclut les impôts au sens strict, mais aussi les taxes.

En outre, selon le Conseil constitutionnel, la loi fixe les règles en matière d'impositions de toutes natures, mais seulement les règles essentielles : l'article 34 de la Constitution réserve ainsi au législateur le soin de fixer les éléments déterminants de l'assiette, de la liquidation et du recouvrement, les autres éléments pouvant être précisés par le pouvoir réglementaire. En revanche, si le législateur n'épuise pas sa compétence, et renvoie au pouvoir réglementaire le soin de fixer ces éléments déterminants, le législateur commet une incompétence négative.

Il convient donc d'identifier ce que sont les éléments déterminants de l'assiette, de la liquidation et du recouvrement des impositions de toutes natures, afin de connaître la compétence législative et, à l'inverse, la compétence résiduelle du pouvoir réglementaire.

a) Les éléments déterminants de l'assiette

Il revient au législateur de fixer les éléments déterminants de l'assiette, à savoir la matière ou les personnes imposables, le fait générateur de l'impôt et les exonérations éventuelles.

> **Pour aller plus loin**
>
> Dans la décision n° 90-283 DC du 8 janvier 1991 (*Loi relative à la lutte contre le tabagisme et l'alcoolisme*), le Conseil constitutionnel juge qu'en s'abstenant d'indiquer tant les catégories de redevables que les modalités de recouvrement du nouvel impôt, le législateur est resté en deçà de sa compétence en matière fiscale.
>
> Toutefois, le législateur peut se référer à d'autres textes pour identifier ces éléments : le Conseil constitutionnel a ainsi jugé qu'une référence à une directive pour déterminer l'assiette de l'impôt n'entache pas la loi d'incompétence négative (*décision n° 2000-441 DC du 28 décembre 2000, Loi de finances rectificative pour 2000*).

b) Les éléments déterminants du taux

Le législateur fixe les éléments déterminants du taux de l'imposition, mais n'a pas à fixer lui-même ce taux. Le Conseil constitutionnel juge ainsi que l'article 34 n'implique pas que la loi doit fixer elle-même le taux de chaque impôt, mais qu'il peut revenir au législateur de déterminer les limites à l'intérieur desquelles une autorité administrative est habilitée à arrêter le taux d'une imposition établie en vue de pourvoir à ses dépenses (*décision n° 87-239 DC du 30 décembre 1987, Loi de finances rectificative pour 1987*). Ceci est notamment le cas s'agissant des impôts locaux : le législateur détermine les règles qui encadrent les taux votés par chaque collectivité.

c) Les éléments déterminants du recouvrement

Le législateur dispose d'une marge de liberté assez grande dans ce domaine, pouvant décider que le recouvrement est effectué :

- en nature (c'est le cas pour les droits de succession ou l'impôt sur la fortune) ;
- par des organismes de droit privé. Toutefois, pour le Conseil constitutionnel, si aucun principe fondamental reconnu par les lois de la République n'impose au législateur un mode particulier de recouvrement, « *il n'en demeure pas moins que le recouvrement d'une imposition contribuant, conformément à l'article 13 de la Déclaration de 1789, aux charges de la Nation, ne*

peut être effectué que par des services ou organismes placés sous l'autorité de l'État ou son contrôle » (*décision n° 90-285 DC du 28 décembre 1990, Loi de finances pour 1991*). C'est bien le cas en l'espèce, car les organismes privés chargés du recouvrement de la contribution sociale généralisée (les URSSAF, Unions de recouvrement des cotisations de sécurité sociale et d'allocations familiales) exercent une mission de service public et sont placés sous la tutelle de l'État.

Les règles du recouvrement incluent également celles relatives au contrôle de ce recouvrement, aux sanctions éventuelles et au contentieux.

Pour aller plus loin

Le Conseil constitutionnel juge ainsi qu'en prévoyant les règles relatives au contrôle, au recouvrement, au contentieux, aux garanties et aux sanctions, le législateur a déterminé les règles de recouvrement de la taxe en question (*décision n° 98-403 DC du 29 juillet 1998, Loi d'orientation relative à la lutte contre les exclusions*).

Comme les règles de l'assiette et du taux, celles-ci doivent être déterminées avec une précision suffisante. Ainsi, si le législateur peut, lorsqu'il s'agit d'une imposition perçue au profit d'une collectivité locale, confier à cette dernière la tâche d'assurer ce recouvrement, il doit en déterminer les règles avec une précision suffisante.

Pour aller plus loin

Le Conseil constitutionnel juge que ceci n'est pas le cas lorsque le législateur se borne à prévoir que le recouvrement de la taxe sur les activités à caractère saisonnier est opéré par les soins de l'administration municipale, ce qui entache la disposition d'inconstitutionnalité pour incompétence négative (*décision n° 98-405 DC du 29 décembre 1998, Loi de finances pour 1999*).

Notons cependant que la compétence législative ne recouvre pas exactement la compétence parlementaire. En effet, la volonté de rationaliser le parlementarisme en 1958 a conduit à la restriction des compétences parlementaires en matière fiscale. Ainsi, aux termes de l'article 40 de la Constitution : « *Les propositions et amendements formulés par les membres du Parlement ne sont pas recevables lorsque leur adoption aurait pour conséquence soit une diminution des ressources publiques, soit la création ou l'aggravation d'une charge publique* ».

La question de la recevabilité financière d'un amendement d'origine parlementaire doit avoir été soulevée devant la première chambre qui en a été saisie pour que le Conseil constitutionnel puisse examiner la conformité de cet amendement à l'article 40 de la Constitution.

■ *La répartition des compétences fiscales entre la loi et le règlement*

Est inclus dans la compétence du ***pouvoir réglementaire national*** tout ce qui ne relève pas du législateur. Outre les éléments accessoires de l'assiette, du taux et des modalités de recouvrement, il s'agit notamment :

– de l'organisation des juridictions financières et de la procédure fiscale (hors procédure pénale) ;

– de l'organisation de l'administration fiscale ;

– de l'application des lois fiscales.

La compétence du ***pouvoir réglementaire local*** est également assez large en matière fiscale, résultant du principe de libre administration des collectivités locales (art. 72 de la Constitution). La révision constitutionnelle du 28 mars 2003 sur l'organisation décentralisée de la République a même consacré les compétences fiscales des collectivités dans un nouvel article 72-2 de la Constitution. Notamment, le deuxième alinéa dispose que les collectivités « *peuvent recevoir tout ou partie du produit des impositions de toutes natures. La loi peut les autoriser à en fixer l'assiette et le taux dans les limites qu'elle détermine* ». Il revient donc aux assemblées locales de fixer le taux de leurs impositions dans le cadre déterminé par le législateur (voir le Chapitre 10).

2 Les spécificités de la loi fiscale

Les lois intervenant en matière fiscale sont très nombreuses et parfois rétroactives, ce qui participe de la complexité du droit fiscal.

■ *La multiplication des lois fiscales*

a) Le constat de cette multiplication

La ***loi de finances*** de l'année fait théoriquement office de loi fiscale annuelle, corrigeant éventuellement les défauts des mécanismes existants, ajustant les barèmes, actualisant les seuils. Mais aujourd'hui, la loi de finances de l'année est loin d'être la seule dans cette matière.

Ainsi, les ***lois de finances rectificatives*** sont également largement utilisées afin de réformer certaines dispositions fiscales en cours d'année, alors même que l'on pourrait attendre l'adoption de la loi de finances initiale.

En principe votées pour faire face à une situation imprévisible en matière de dépenses ou de recettes, les lois de finances rectificatives sont aujourd'hui devenues un moyen presque normal de légiférer en matière fiscale, et ceci pour adopter des réformes toujours plus importantes. Leur multiplication ces dernières années révèle toutefois l'absence de projet fiscal d'ensemble, et au contraire un certain éparpillement lorsque les réformes successives ne sont pas tout simplement incohérentes.

En témoignent par exemple en 2011 :

- la première loi de finances rectificative du 29 juillet 2011, laquelle supprime le bouclier fiscal, allège l'impôt sur la fortune, et accroît les impositions des donations et successions ;
- la deuxième loi de finances rectificative du 19 septembre 2011, qui relève le montant des prélèvements sociaux sur les revenus du patrimoine et des placements ;
- la quatrième loi de finances rectificative du 28 décembre 2011, laquelle procède au gel du barème de l'impôt sur le revenu et de l'impôt sur la fortune, relève les taux des prélèvements forfaitaires et retenues à la source applicables aux revenus de capitaux mobiliers, instaure une contribution exceptionnelle à l'impôt sur les sociétés pour les grandes entreprises et relève le taux réduit de TVA à 7 %.

Et en 2012 :

- la première loi de finances rectificative du 14 mars 2012, laquelle relève à nouveau le prélèvement social applicable aux revenus du patrimoine et aux produits de placement, instaure une taxe sur les transactions financières de 0,1 % et aggrave les sanctions pénales applicables en cas de fraude fiscale ;
- la deuxième loi de finances rectificative du 16 août 2012, qui abroge l'augmentation de la TVA de 1,6 point au 1er octobre 2012, instaure une contribution exceptionnelle sur la fortune, revient sur l'exonération des heures supplémentaires, abaisse le seuil d'abattement relatif aux donations en ligne directe et augmente le taux de la taxe sur les transactions financières (de 0,1 à 0,2 %) ;
- la troisième loi de finances rectificative du 29 décembre 2012 qui modifie les taux de TVA à compter de 2014 et renforce les dispositifs de lutte contre la fraude et l'optimisation fiscales.

Les lois de finances et lois de finances rectificatives sont régies par la ***Loi organique relative aux lois de finances*** (LOLF) du 1er août 2001, laquelle définit strictement le contenu de ces lois, mais aussi par la loi organique du 17 décembre 2012 relative à la programmation et à la gouvernance des finances publiques, qui prévoit l'intervention du Haut conseil des finances publiques.

Les ***lois de programmation des finances publiques*** servent enfin de cadre aux lois de finances, car elles fixent les orientations pluriannuelles du budget de l'État dans le respect des objectifs du Traité sur la stabilité, la coordination et la gouvernance au sein de l'Union économique et monétaire (loi organique du 17 décembre 2012).

Mais les lois de finances, quelles qu'elles soient, ne sont pas les seules lois fiscales, puisque n'importe quelle ***loi ordinaire*** peut intervenir dans ce domaine. Par exemple la loi TEPA (en faveur du travail, de l'emploi et du pouvoir d'achat) du 21 août 2007 a été adoptée à la suite de l'élection présidentielle pour entériner certaines réformes fiscales très symboliques, comme l'exonération des heures supplémentaires et complémentaires, l'allégement des droits de succession et de donation, l'abaissement du bouclier fiscal de 60 à 50 %, ou encore la déductibilité partielle des revenus pour les intérêts d'emprunt lors de l'achat de sa résidence principale.

De même, la LME (loi de modernisation de l'économie) du 4 août 2008 comporte de nombreux aspects de fiscalité des entreprises et réforme le droit des perquisitions fiscales. La loi du 6 décembre 2013 quant à elle, relative à la lutte contre la fraude fiscale et la grande délinquance économique et financière, renforce les pouvoirs de contrôle et de sanction de l'administration fiscale.

La conséquence de la multiplication de lois fiscales éparses est sans doute la grande complexité et l'absence de cohérence de notre système fiscal. La lecture du Code général des impôts est révélatrice, alors même que l'***intelligibilité de la loi*** a été élevée au rang de principe à valeur constitutionnelle, justement à propos d'une loi fiscale (en l'occurrence une niche fiscale).

Pour aller plus loin

Dans la décision n° 2005-530 DC du 29 décembre 2005 (*Loi de finances pour 2006*), le Conseil constitutionnel est ainsi très sévère à l'encontre des lois fiscales incompréhensibles : « *En matière fiscale, la loi, lorsqu'elle atteint un niveau de complexité tel qu'elle devient inintelligible pour le citoyen, méconnaît [...] l'article 14 de la Déclaration de 1789, aux termes duquel : "Tous les citoyens ont le droit de constater, par eux-mêmes ou par leurs représentants, la nécessité de la contribution publique, de la consentir librement, d'en suivre l'emploi, et d'en déterminer la quotité, l'assiette, le recouvrement et la durée" ; [...] il en est particulièrement ainsi lorsque la loi fiscale invite le contribuable, comme en l'espèce, à opérer des arbitrages et qu'elle conditionne la charge finale de l'impôt aux choix éclairés de l'intéressé ; [...] au regard du principe d'égalité devant l'impôt, la justification des dispositions fiscales incitatives est liée à la possibilité effective, pour le contribuable, d'évaluer avec un degré de prévisibilité raisonnable le montant de son impôt selon les diverses options qui lui sont ouvertes* ».

Que penser par exemple de l'existence d'un article 885-0 V *bis* du Code général des impôts, dont la lettre est elle-même très obscure ? (par exemple son II, 2e alinéa : « *En cas de non-respect de la condition de conservation prévue au premier alinéa du 1 par suite d'une fusion ou d'une scission au sens de l'article 817 A, l'avantage fiscal mentionné au I accordé au titre de l'année en cours et de celles précédant ces opérations n'est pas remis en cause si les titres reçus en contrepartie sont conservés jusqu'au même terme. Cet avantage fiscal n'est pas non plus remis en cause lorsque la condition de conservation prévue au premier alinéa du 1 n'est pas respectée par suite d'une annulation des titres pour cause de pertes ou de liquidation judiciaire* »...).

En outre, la multiplication des lois fiscales et leur inintelligibilité justifient les difficultés d'application de ces lois. Un rapport de l'Assemblée nationale du 25 juillet 2012 (n° 127) indique que sur les 249 articles contenus dans 17 lois de finances promulguées entre 2004 et 2012, un quart (63 dispositions) sont encore en attente de décrets d'application.

b) Les causes de cette multiplication

Il apparaît que la multiplication de diverses lois fiscales en cours d'année résulte de défauts bien ancrés de la méthode française de prise de décision en général, et des décisions fiscales en particulier, du fait de leur technicité. Notamment, la concertation avec les acteurs du système fiscal est rarement organisée, au contraire de ce qui existe par exemple au Royaume-Uni, sous la forme de documents de travail contenant des propositions et soumis à une discussion. Les gouvernements en France préfèrent avoir recours à des commissions d'experts (par exemple, la commission Fouquet se penche sur la réforme de la taxe professionnelle en 2004), ou au Conseil des prélèvements obligatoires.

Ce Conseil succède en 2005 au Conseil des impôts créé en 1971. Présidé par le premier président de la Cour des comptes, le Conseil des impôts est composé de magistrats du Conseil d'État, de l'ordre judiciaire et de la Cour des comptes, d'un inspecteur général des finances, de deux professeurs ainsi que de dix personnalités qualifiées.

Le Conseil rend des rapports annuels au président de la République. Par exemple, le rapport 2015 porte sur le thème « *Impôt sur le revenu, CSG, quelles réformes ?* ».

Notons également que le droit fiscal a une forte connotation politique : toute élection présidentielle est suivie d'une nouvelle politique fiscale, et le législateur a aujourd'hui recours à la fiscalité pour orienter les comportements (alimentaires, écologiques, économiques...) des contribuables (voir *supra*).

La rétroactivité de la loi fiscale

Certes, les lois fiscales peuvent être rétroactives, car aucun principe supra-législatif ne l'interdit. Toutefois, cette rétroactivité présente certaines limites, tant constitutionnelles que conventionnelles.

a) Le principe de la rétroactivité

L'article 2 du Code civil dispose : « *La loi ne dispose que pour l'avenir ; elle n'a point d'effet rétroactif* », mais cet article n'a qu'une valeur législative, et une loi peut en décider autrement. Seul l'article 8 de la Déclaration des droits de l'homme interdit les lois rétroactives, mais uniquement en matière pénale. Il en résulte que les lois fiscales peuvent bien être rétroactives, comme le confirme le Conseil constitutionnel : « *Aucun principe ou règle de valeur constitutionnelle ne s'oppose à ce qu'une disposition fiscale ait un caractère rétroactif ; [...] la circonstance qu'une telle disposition soit contenue dans une loi de finances ne saurait interdire une telle rétroactivité* » (*décision n° 84-184 DC du 29 décembre 1984, Loi de finances pour 1985*).

Ainsi en pratique, la rétroactivité est très fréquente en droit fiscal, qu'elle soit directe ou détournée :

- le cas le plus flagrant de rétroactivité n'en est pas vraiment un juridiquement : ce que l'on appelle la « ***petite rétroactivité*** » est le fait que la loi de finances, votée à la fin de chaque année, peut changer les règles fiscales que les contribuables ont crues valables au cours de l'année. Ils ont ainsi pu constituer leur revenu ou leur patrimoine dans l'espoir de voir appliquer des règles inchangées (par exemple, un contribuable multiplie les heures supplémentaires en raison de leur défiscalisation, mais elles redeviennent imposables dans la loi de finances votée en fin d'année). Le Conseil constitutionnel n'y voit pas d'atteinte à la Constitution dans deux décisions du 29 décembre 2012 (*décision n° 2012-661 DC, Loi de finances rectificative pour 2012 et décision n° 2012-662 DC, Loi de finances pour 2013*). Juridiquement en effet, il ne s'agit pas de rétroactivité, car le fait générateur de l'impôt sur le revenu est le 31 décembre, date de la fin de la perception des revenus annuels. La loi de finances est votée avant le 31 décembre, donc n'est pas rétroactive ;
- les ***lois interprétatives*** sont également fréquentes en droit fiscal, eu égard à la complexité de certaines dispositions. L'interprétation contenue dans la loi fait corps avec la disposition antérieure, elle est donc rétroactive ;
- les lois fiscales rétroactives peuvent également viser à contrer des comportements d'évasion fiscale : la technique de ***fair announce*** est celle permettant de rendre la loi rétroactive à la date de l'annonce d'une mesure fiscale nouvelle. Par exemple, si l'imposition des plus-values des personnes transférant leur domicile hors de France est annoncée, comme ce fut le cas en 1999, la loi fiscale rétroactive s'appliquant dès la date de l'annonce permet d'éviter un transfert

massif de personnes hors de France souhaitant empêcher leur future imposition. De la même façon, le Conseil constitutionnel a jugé qu'il était loisible au législateur de faire remonter la date de prise d'effet d'une mesure fiscale nouvelle à la date du dépôt du projet de loi de finances sur le bureau de l'Assemblée nationale, afin d'éviter que la publication de ce projet n'entraîne, avant l'entrée en vigueur de la loi, des effets contraires à l'objectif poursuivi de mettre fin à des mécanismes d'évasion fiscale (*décision n° 2012-661 DC du 29 décembre 2012, Loi de finances rectificative pour 2012*) ;

– enfin, la loi fiscale intervient souvent rétroactivement afin de valider des impositions susceptibles d'être invalidées par un juge (***validations législatives***). Cette technique est cependant soumise à certaines limites.

b) Les limites de la rétroactivité

1) Limites constitutionnelles

Dans une décision n° 86-223 DC du 29 décembre 1986 (*Loi de finances rectificative pour 1986*), le Conseil constitutionnel a atténué l'absence d'interdiction de la rétroactivité en matière fiscale, en imposant une double limite à la rétroactivité :

– d'une part, conformément au principe de non-rétroactivité des ***lois répressives*** posé par l'article 8 de la Déclaration des droits de l'homme et du citoyen, la rétroactivité ne saurait permettre aux autorités compétentes d'infliger des sanctions à des contribuables à raison d'agissements antérieurs à la publication des nouvelles dispositions qui ne tombaient pas sous le coup de la loi ancienne ;

– d'autre part, l'application rétroactive de la loi fiscale ne saurait préjudicier aux contribuables dont les droits ont été reconnus par une décision de justice bénéficiant de ***l'autorité de chose jugée***. Ainsi, le législateur ne peut en aucun cas valider des dispositions annulées par le juge sans méconnaître la séparation des pouvoirs proclamée à l'article 16 de la Déclaration des droits de l'homme.

En outre, dans une décision n° 2013-685 DC du 29 décembre 2013 sur la loi de finances pour 2014, le Conseil constitutionnel a adopté un considérant de principe consacrant la protection des situations légalement acquises par les contribuables en tant que limite de la rétroactivité des nouvelles mesures fiscales : « *il est à tout moment loisible au législateur, statuant dans le domaine de sa compétence, de modifier des textes antérieurs ou d'abroger ceux-ci en leur substituant, le cas échéant, d'autres dispositions ; [...] ce faisant, il ne saurait toutefois priver de garanties légales des exigences constitutionnelles ; [...] en particulier, il ne saurait, sans motif d'intérêt général suffisant, ni porter atteinte aux situations légalement acquises ni remettre en cause les effets qui peuvent légitimement être attendus de telles situations* ». Ceci signifie que le contribuable se trouve dans une situation régulière et définitive dès lors qu'il a exécuté ses obligations à l'issue de la période d'imposition prévue par la loi ou du fait du paiement de l'impôt.

2) Limites conventionnelles

Le droit au procès équitable (article 6 de la Convention européenne des droits de l'homme) et le droit au respect des biens (article 1er du 1er protocole à la Convention) pourraient s'opposer à ce que le législateur revienne sur des situations déjà acquises. La Cour européenne des droits de l'homme n'admet donc les validations législatives que si elles sont justifiées par un motif impérieux d'intérêt général. Aussi, un motif financier (le législateur fiscal validant des impositions pour ne pas réduire les rentrées fiscales) n'est pas suffisant (*CEDH, 23 juillet 2009, Joubert c/France* ; *CEDH, 25 novembre 2010, Lilly c/France*).

Le Conseil d'État, après avoir toléré ces validations fondées sur un intérêt seulement financier (*CE, 27 mai 2005, Provin*) s'est finalement rétracté en estimant qu'une telle validation est contraire à l'article 6 de la Convention (*CE, 21 octobre 2011, SNC Peugeot et Sté mécanique automobile de l'Est*). Cette jurisprudence s'oppose donc à celle du Conseil constitutionnel, lequel a déjà admis qu'une loi rétroactive soit fondée sur un intérêt financier (*décision n° 2010-53 QPC du 14 octobre 2010, Société Plombinoise de casino [Prélèvements sur le produit des jeux]* : le législateur a « *entendu éviter que ne se développent [...] des contestations dont l'aboutissement, eu égard aux montants financiers en jeu, aurait pu entraîner, pour l'État et les autres bénéficiaires des produits en cause, des conséquences gravement dommageables* »). Le Conseil d'État a également considéré qu'une loi rétroactive pouvait méconnaître les dispositions de l'article 1er du 1er protocole à la Convention, si l'espérance légitime d'obtenir une somme d'argent a été anéantie par cette loi (*CE, 21 octobre 2011, SNC Peugeot Citroën Mulhouse*), ou encore si un crédit d'impôt est supprimé en raison de la petite rétroactivité d'une loi fiscale (*CE, 9 mai 2012, Société EPI*).

En revanche, en instaurant un mécanisme nouveau d'imposition des plus-values latentes constatées par les contribuables qui transfèrent leur domicile fiscal hors de France, le législateur n'a pas remis en cause un avantage fiscal, et la circonstance que ces plus-values n'étaient pas imposées auparavant ne constitue pas un bien au sens de l'article 1er du 1er protocole. Les requérants ne peuvent donc se prévaloir d'aucune espérance légitime de ne pas être imposés en France à raison de ces plus-values (*CE, 21 novembre 2012, M. et Mme Daumen*).

Notons que le droit de l'Union européenne s'oppose également à certaines lois rétroactives puisque la CJUE juge que les principes de coopération loyale entre l'Union et les États membres, d'effectivité et de respect de la confiance légitime sont un obstacle à une législation qui restreint, avec effet rétroactif et sans préavis ni régime transitoire, le droit des contribuables de récupérer des impôts prélevés en violation du droit de l'Union (*CJUE, 18 décembre 2014, Commission c/ Royaume-Uni*).

L'administration fiscale

Chapitre 2

Si le législateur fixe le cadre du système fiscal, c'est cependant l'administration fiscale qui est le symbole de la puissance fiscale, puisque c'est elle qui prend les décisions relatives à la situation du contribuable, qu'il s'agisse des décisions d'imposition, des redressements ou des sanctions fiscales.

1 Les organes de l'administration fiscale

■ *Les services fiscaux*

Le ministère des Finances est l'administration compétente en matière fiscale. Sous son égide, plusieurs services opèrent au niveau national ou local :

- la ***direction générale des finances publiques*** (DGFiP) est issue de la fusion de la direction générale des impôts (DGI) et de la direction générale de la comptabilité publique (DGCP, ou Trésor), opérée par le décret du 3 avril 2008. Au niveau local, cette fusion permet de créer un guichet unique pour les contribuables, puisque la DGI était compétente pour établir l'assiette de l'impôt et contrôler les contribuables, la DGCP procédant au recouvrement de l'impôt ;
- le SIP (service des impôts des particuliers) est aujourd'hui l'interlocuteur unique remplaçant le centre des impôts et la Trésorerie ;
- la DGFiP comprend en outre la ***direction de la législation fiscale***, laquelle prépare les projets de loi en matière fiscale.

Par ailleurs, la ***direction générale des douanes et des droits indirects*** est compétente s'agissant du recouvrement des droits de douane pour le compte de l'Union européenne, mais aussi de droits indirects tels la taxe intérieure de consommation sur les produits énergétiques, les droits sur les alcools ou sur le tabac.

La ***direction des grandes entreprises*** (DGE), quant à elle, fut créée le 1er janvier 2002, constituant le guichet fiscal unique des entreprises dont le chiffre d'affaires annuel excède 400 millions d'euros.

De même, depuis le 1er janvier 2006, un ***service des impôts des entreprises*** (SIE) représente le guichet unique des autres entreprises, en matière de TVA, d'impôt sur les bénéfices, de contribution économique territoriale ou de taxe sur les salaires.

■ *Les commissions fiscales*

La volonté d'améliorer les relations entre l'administration fiscale et les contribuables, relations pouvant par nature être conflictuelles, a mené à la création de divers organismes le plus souvent paritaires (représentant les contribuables) pouvant être saisis en cas de litige.

a) La commission communale des impôts directs

L'article 1650 du Code général des impôts prévoit que dans chaque commune une commission communale des impôts directs est instituée, composée de sept à neuf membres : le maire qui préside, et six à huit commissaires selon la taille de la commune. La commission rend des avis sur la valeur locative des propriétés bâties et non bâties.

b) La commission départementale des impôts directs et des taxes sur le chiffre d'affaires

Présidée par un magistrat des tribunaux administratifs, la commission réunit des fonctionnaires des impôts et des représentants des contribuables (dont un expert-comptable) de manière paritaire. La commission est saisie de manière facultative pour avis en cas de désaccord entre l'administration et le contribuable sur une rectification en matière de bénéfices industriels et commerciaux, d'impôt sur les sociétés, de TVA ou d'impôt sur le revenu si la rectification résulte d'un examen de la situation personnelle (contrôle fiscal). La commission est saisie par l'administration ou par le contribuable, mais seulement sur des questions de fait, et non de droit. En outre, la commission départementale des impôts est compétente pour fixer le forfait agricole (voir le Chapitre 6).

Une commission nationale présidée par un conseiller d'État existe également depuis le 1er juillet 2008, concernant les entreprises dont le chiffre d'affaires excède 50 millions d'euros.

c) La commission départementale de conciliation

Composée de manière paritaire (représentants des contribuables et fonctionnaires de l'administration fiscale), cette commission est présidée par un magistrat du siège de l'ordre judiciaire. Elle est saisie par l'administration ou par le contribuable, et rend des avis en cas de litige portant sur les réévaluations administratives des biens soumis aux droits d'enregistrement, à la taxe de publicité foncière ou à l'impôt sur la fortune.

d) La commission des infractions fiscales

La commission des infractions fiscales (art. 1741 A, CGI) est composée de conseillers d'État, de conseillers-maîtres à la Cour des comptes et de personnalités qualifiées nommées par les présidents de l'Assemblée nationale et du Sénat, sous la présidence d'un conseiller d'État. Elle prononce des avis sur les poursuites pénales envisagées par l'administration fiscale à l'encontre des contribuables. L'administration fiscale ne peut déposer la plainte qu'après avoir obtenu l'avis conforme de la commission.

e) Le comité de l'abus de droit fiscal

Depuis le 1er avril 2009, ce comité est présidé par un conseiller d'État et comprend un conseiller à la Cour de cassation, un avocat fiscaliste, un conseiller-maître à la Cour des comptes, un notaire, un expert-comptable et un professeur de droit ou d'économie. Les praticiens font ainsi leur entrée dans ce comité, nommés par le ministre du Budget.

Le comité rend des avis sur les cas supposés d'abus de droit (voir le Chapitre 4), à la demande de l'administration fiscale ou du contribuable. Si l'avis constatant l'abus est rendu sur saisine du contribuable cependant, les conséquences peuvent être à double tranchant, puisque la charge de la preuve est renversée : ce n'est plus à l'administration fiscale de prouver l'abus de droit, mais au contribuable de prouver qu'il n'a pas commis d'abus de droit.

2 Les actes de l'administration fiscale : la doctrine fiscale

Il est courant que le contribuable s'interroge sur l'assiette ou les modalités de calcul ou de recouvrement de son impôt. Dans ce cas, il peut se référer à des textes généraux émanant de l'administration (la doctrine sur des questions de droit) ou aux réponses aux questions que le contribuable lui pose sur sa situation personnelle (la doctrine sur des questions de fait).

La doctrine sur les questions de droit

L'article L80A du Livre des procédures fiscales a été introduit par la loi de finances pour 1960 (loi du 19 décembre 1959) et complété par une loi du 9 juillet 1970 (qui crée le second alinéa). Une dernière phrase est enfin ajoutée par une loi du 30 décembre 2008. L'article L80A LPF dispose : « *Il ne sera procédé à aucun rehaussement d'impositions antérieures si la cause du rehaussement poursuivi par l'administration est un différend sur l'interprétation par le redevable de bonne foi du texte fiscal et s'il est démontré que l'interprétation sur laquelle est fondée la première décision a été, à l'époque, formellement admise par l'administration.*

Lorsque le redevable a appliqué un texte fiscal selon l'interprétation que l'administration avait fait connaître par ses instructions ou circulaires publiées et qu'elle n'avait pas rapportée à la date des opérations en cause, elle ne peut poursuivre aucun rehaussement en soutenant une interprétation différente. Sont également opposables à l'administration, dans les mêmes conditions, les instructions ou circulaires publiées relatives au recouvrement de l'impôt et aux pénalités fiscales ».

Ce mécanisme avait déjà été introduit par une instruction générale du 3 janvier 1928, qui prévoyait qu'un rehaussement consécutif à un changement de position de l'administration ne pouvait être imposé au contribuable pour des opérations passées. Aujourd'hui, cette disposition signifie qu'un contribuable peut se prévaloir d'un texte émanant de l'administration à certaines conditions, même si ce texte ne respecte pas les normes supérieures, notamment la loi.

Ces conditions sont les suivantes :

- le litige doit porter sur un ***prélèvement fiscal***, quel qu'il soit (impôts d'État, locaux, directs, indirects, etc.) ;
- le texte est invoqué par ***le contribuable et lui seul*** (l'administration ne peut se prévaloir de ses propres interprétations) et il doit être de bonne foi ;
- le texte évoqué par le contribuable peut concerner ***l'établissement de l'impôt***, mais aussi depuis la modification de 2008 (rajoutant la dernière phrase de l'article) ***le recouvrement ou les pénalités fiscales*** ;
- le texte évoqué interprète ***une norme fiscale***, quelle qu'elle soit (loi, convention internationale, etc.) ;
- le texte interprétatif émane d'une ***administration fiscale compétente*** (par exemple, le ministre des finances, la direction des finances publiques, etc.) ;
- l'interprétation a été formellement admise par l'administration, c'est-à-dire qu'il s'agit d'un texte écrit (les réponses téléphoniques ne sont pas admises, au contraire des réponses ministérielles à une question d'un parlementaire, qui sont en revanche consignées par écrit au *Journal officiel* –

CE, 24 juin 1968), mais dont la forme peut être assez libre (circulaire, directive, instruction, note de service, brochure...).

Si ces conditions sont réunies, et que le contribuable s'est conformé à une interprétation administrative relative à son cas personnel, alors l'administration fiscale ne pourra pas procéder à un rehaussement, même si son interprétation est contraire à une norme supérieure, telle la loi.

Néanmoins, les deux alinéas de l'article L80A ont une portée différente :

- le premier alinéa ne concerne que le ***rehaussement d'impositions antérieures*** : il faut donc une première décision d'imposition puis une imposition supplémentaire résultant du redressement, ce redressement pouvant être contesté grâce à l'article L80A ;
- le second alinéa concerne ***tous les rehaussements***, c'est-à-dire qu'il s'applique même sans décision primitive d'imposition, par exemple en cas de taxation d'office ou d'un rehaussement à la suite d'une exonération. Dans ce cas cependant, le contribuable ne peut se prévaloir que des « instructions ou circulaires publiées ».

■ La doctrine sur les questions de fait

L'article L80B du Livre des procédures fiscales dispose : « *La garantie prévue au premier alinéa de l'article L80A est applicable :*

1° Lorsque l'administration a formellement pris position sur l'appréciation d'une situation de fait au regard d'un texte fiscal ; elle se prononce dans un délai de trois mois lorsqu'elle est saisie d'une demande écrite, précise et complète par un redevable de bonne foi ».

Cette disposition est issue d'une loi du 8 juillet 1987. Elle est l'héritière de la pratique historique des rescrits : sous l'Antiquité romaine, il était possible de demander aux sénateurs d'interpréter le droit. De même, les révolutionnaires français permettaient aux citoyens de poser des questions à l'Assemblée législative (technique du référé législatif prévu par la loi des 16 et 24 août 1790 et par la Constitution du 3 septembre 1791). Les rescrits sont les réponses de l'autorité normative sur des questions d'interprétation posées par les administrés. Le rescrit est particulièrement utilisé en droit fiscal, eu égard à la complexité de la matière et aux difficultés éprouvées par les contribuables pour appliquer correctement les règles.

Son champ d'application est le même que celui de l'article L80A alinéa 1er (portant sur les rehaussements d'impositions antérieures). Ceci signifie que si le contribuable de bonne foi peut se prévaloir d'une réponse de l'administration sur sa situation de fait, celle-ci s'applique même si elle n'est pas conforme aux normes supérieures.

L'intérêt de l'article L80B réside également dans les rescrits spéciaux (alinéas 2 à 8), pour lesquels une absence de réponse de l'administration fiscale pendant trois mois vaut acceptation. Par exemple, le rescrit « jeune entreprise innovante » permet aux entreprises de savoir si elles sont éligibles à ce dispositif, ou le rescrit « crédit d'impôt recherche » leur permet de savoir si leurs dépenses dans ce domaine ouvrent droit au bénéfice du crédit d'impôt.

■ *Des mécanismes confirmés malgré les controverses*

a) La réactivation récente du rescrit

À la suite de deux rapports (rapport Gibert en 2004 et rapport Fouquet en 2008), le rescrit a fait l'objet d'un renouveau prenant plusieurs formes :

- la création de nouveaux rescrits spéciaux (loi du 30 décembre 2004), notamment les rescrits dits « établissement stable » ou « prix de transfert » (alinéas 6 et 7 de l'article L80B) ;
- la publication électronique des rescrits depuis le 1er septembre 2005, sur le site impôts.gouv.fr ;
- la réduction du délai de réponse de l'administration fiscale pour le rescrit général (trois mois au lieu de six depuis le 1er juillet 2009) ;
- la création d'un recours contre les rescrits. La loi du 30 décembre 2008 introduit en effet un nouvel article L80CB créant un recours de type hiérarchique contre les prises de position formelles de l'administration : « *Lorsque l'administration a pris formellement position à la suite d'une demande écrite, précise et complète [au titre de l'article L80B, le contribuable] peut saisir l'administration, dans un délai de deux mois, pour solliciter un second examen de cette demande, à la condition qu'il n'invoque pas d'éléments nouveaux* ». Cette demande est examinée par un collège territorial ou national, le contribuable pouvant même être entendu.

Toutefois, ces nouveaux éléments favorisant la pratique du rescrit n'occultent pas les questions théoriques qui s'y rapportent.

b) La doctrine fiscale et la hiérarchie des normes

La place qu'occupe la doctrine administrative en droit fiscal n'est pas sans poser d'importantes questions théoriques aujourd'hui non résolues. En effet, les articles L80A et L80B favorisent l'application de textes administratifs potentiellement contraires aux normes supérieures :

- s'agissant de la conformité de la doctrine à la loi, ce sont deux articles législatifs qui autorisent l'administration à ne pas appliquer la loi. Il est ainsi possible de penser que l'application de la doctrine ne viole pas la loi puisque c'est la loi elle-même qui l'autorise ;
- s'agissant de la conformité de la doctrine au droit de l'Union européenne, le problème est plus aigu, puisque d'après l'arrêt *Simmenthal* du 9 mars 1978, la Cour de justice des Communautés européennes estime que tout juge national se doit d'écarter toute disposition contraire au droit communautaire. Il est toutefois permis de penser avec une partie de la doctrine que les articles

L80A et L80B pourraient représenter une concrétisation des principes de sécurité juridique (*CJCE, 6 avril 1962, Bosch*) ou de confiance légitime (*CJCE, 5 mai 1981, Dürbeck*), consacrés en droit de l'Union sous la forme de principes généraux du droit. Cette question importante a fait l'objet de réponses contradictoires de deux Cours administratives d'appel (la CAA de Paris ne voit pas d'incompatibilité avec le droit de l'Union dans l'arrêt du 25 mars 2010, au contraire de la CAA de Douai dans un arrêt du 16 avril 2005). La position du Conseil d'État sur ce point est donc très attendue. Celui-ci juge néanmoins que l'application d'une doctrine contraire au droit de l'Union européenne est susceptible d'engager la responsabilité de l'État pour faute simple (*CE, 30 décembre 2011, Société Aprochim*) ;

- enfin, l'application de la doctrine illégale pourrait sembler contraire à la Constitution. Le Conseil constitutionnel n'avait pas été saisi de ces dispositifs par la voie du contrôle de constitutionnalité des lois avant leur promulgation. En revanche, un contribuable a saisi le Conseil d'État d'une question prioritaire de constitutionnalité relative à la conformité au principe d'égalité des articles L80A et L80B du LPF, mais la Haute juridiction n'a pas jugé la question suffisamment sérieuse dans un arrêt du 29 octobre 2010 (« *Le législateur, en acceptant de faire prévaloir les interprétations administratives sur le texte de la loi a pu borner cette possibilité aux cas où les interprétations sont soit publiées et accessibles à tous les contribuables, soit notifiées à un contribuable relativement aux faits le concernant, sans méconnaître le principe d'égalité* »). La question de la constitutionnalité de ces deux articles est donc toujours en suspens.

Chapitre 3

Le contribuable et ses droits

Le contribuable peut être défini comme la personne visée par l'acte d'imposition, le débiteur principal de l'impôt. Il bénéficie, comme toute personne physique ou morale, de droits fondamentaux opposables au législateur et à l'administration fiscale. Les droits susceptibles d'être bafoués sont principalement le principe d'égalité, la liberté et la propriété, et le droit au procès équitable.

1 Le principe d'égalité

Le principe d'égalité en droit fiscal trouve son origine dans deux dispositions de la Déclaration des droits de l'homme :

- l'article 13 : « *Pour l'entretien de la force publique et les dépenses d'administration, une contribution commune est indispensable : elle doit être également répartie entre tous les citoyens en raison de leurs facultés* » ;
- et l'article 6 : « *La loi doit être la même pour tous, soit qu'elle protège, soit qu'elle punisse* ».

Ces deux articles ont valeur constitutionnelle : c'est d'ailleurs la contestation d'une loi fiscale qui a donné lieu à la première reconnaissance de la valeur constitutionnelle d'une disposition de la Déclaration des droits de l'homme (*décision n° 73-51 DC du 27 décembre 1973, Loi de finances pour 1974, dite Taxation d'office*). Notons que le principe d'égalité a également valeur de principe général du droit dans la jurisprudence du Conseil d'État, notamment l'égalité devant les charges publiques (*CE, 4 février 1944, Guieysse*).

Les facettes de l'égalité

De ces deux articles de la Déclaration des droits de l'homme, le Conseil constitutionnel fait découler plusieurs aspects du principe d'égalité : l'égalité devant l'impôt et les charges publiques, et l'égalité devant la loi fiscale.

a) L'égalité devant l'impôt et les charges publiques

Le principe d'égalité devant l'impôt est proclamé par l'article 13 de la Déclaration des droits de l'homme, sans toutefois être véritablement défini. Il est néanmoins certain qu'il ne s'agit pas d'une égalité mathématique (tous les citoyens ne doivent pas payer la même somme d'impôt), mais d'une égalité tenant compte des facultés contributives de chacun. C'est au législateur de dessiner sa vision de l'égalité, qui est une vision avant tout politique, dans le respect de la Constitution : « *Conformément à l'article 34 de la Constitution, il appartient au législateur de déterminer, dans le respect des principes constitutionnels et compte tenu des caractéristiques de chaque impôt, les règles selon lesquelles doivent être appréciées les facultés contributives des redevables* » (*décision du Conseil constitutionnel n° 81-133 DC du 29 décembre 1981, Loi de finances pour 1982*). Quelques lignes directrices apparaissent ainsi dans la jurisprudence du Conseil constitutionnel :

- l'égalité n'est pas forcément synonyme de progressivité de l'impôt. Par exemple, les parlementaires saisissant le Conseil constitutionnel à propos de la création de la contribution sociale généralisée estiment que le choix d'un taux proportionnel d'imposition est contraire à l'article 13 de la Déclaration des droits de l'homme et du citoyen. Ce n'est pas ce que juge le Conseil qui déclare le nouvel impôt conforme à la Constitution (*décision n° 90-285 DC du 29 décembre 1990, Loi de finances pour 1991*) ;
- l'égalité s'apprécie au regard du foyer fiscal (*décision n° 2000-437 DC du 19 décembre 2000, Loi de financement de la sécurité sociale pour 2001* : « *S'il est loisible au législateur de modifier l'assiette de la contribution sociale généralisée afin d'alléger la charge pesant sur les contribuables les plus modestes, c'est à la condition de ne pas provoquer de rupture caractérisée de l'égalité entre ces contribuables ; [...] la disposition contestée ne tient compte ni des revenus du contribuable autres que ceux tirés d'une activité, ni des revenus des autres membres du foyer, ni des personnes à charge au sein de celui-ci ; [...] le choix ainsi effectué par le législateur de ne pas prendre en considération l'ensemble des facultés contributives crée, entre les contribuables concernés, une disparité manifeste contraire à l'article 13 de la Déclaration de 1789* ») ;
- l'égalité s'apprécie au regard de chaque imposition prise isolément (*décision n° 2010-28 QPC du 17 septembre 2010, Association Sportive Football Club de Metz [Taxe sur les salaires]* : « *Pour l'application du principe d'égalité devant l'impôt, la situation des redevables s'apprécie au*

regard de chaque imposition prise isolément ; [...] dans chaque cas, le législateur doit, pour se conformer au principe d'égalité devant l'impôt, fonder son appréciation sur des critères objectifs et rationnels ») ;

– l'égalité signifie que l'impôt ne peut être acquitté que par celui qui dispose des ressources imposables : « *l'exigence de prise en compte des facultés contributives, qui résulte du principe d'égalité devant les charges publiques, implique qu'en principe, lorsque la perception d'un revenu ou d'une ressource est soumise à une imposition, celle-ci doit être acquittée par celui qui dispose de ce revenu ou de cette ressource ; [...] s'il peut être dérogé à cette règle, notamment pour des motifs de lutte contre la fraude ou l'évasion fiscales, de telles dérogations doivent être adaptées et proportionnées à la poursuite de ces objectifs* » (*décision n° 2013-362 QPC du 6 février 2014, TF1 SA [Taxe sur les éditeurs et distributeurs de services de télévision]*).

L'égalité devant l'impôt signifie ainsi que des contribuables dans des situations analogues doivent être frappés de la même façon par l'impôt : le législateur ne peut pas créer de règles distinctes relatives à l'assiette (*décision n° 2009-599 DC du 29 décembre 2009, Loi de finances pour 2010*) ou aux procédures choisies par le contribuable (il en est ainsi par exemple de la discrimination établie entre les donations passées devant notaire et les autres, impliquant une différence de traitement fiscal, *décision n° 91-302 DC du 30 décembre 1991*, *Loi de finances pour 1992*).

Par ailleurs, le principe d'égalité devant les charges publiques semble avoir une portée plus large que l'égalité devant l'impôt car il permet d'englober tous les prélèvements obligatoires quels qu'ils soient, et d'apprécier la situation fiscale globale des contribuables.

Par exemple, le Conseil constitutionnel juge que l'instauration du bouclier fiscal (plafonnement des impôts directs) vise à éviter une rupture d'égalité devant les charges publiques car ce principe serait méconnu si « *l'impôt revêtait un caractère confiscatoire ou faisait peser sur une catégorie de contribuables une charge excessive au regard de leurs facultés contributives* » (*décision n° 2005-530 DC du 29 décembre 2005, Loi de finances pour 2006*).

De même, le Conseil constitutionnel estime qu'une contribution de solidarité atteignant un taux de 50 % afin de dissuader le cumul entre pensions de retraite des régimes obligatoires et revenus d'activité représente une rupture d'égalité devant les charges publiques (*décision n° 85-200 DC du 16 janvier 1986, Loi relative à la limitation des possibilités de cumul entre pensions de retraite et revenus d'activité*).

b) L'égalité devant la loi fiscale

Si le principe d'égalité devant l'impôt implique un traitement analogue au regard de l'impôt, le principe d'égalité devant la loi fiscale implique un traitement analogue en matière procédurale.

Ce principe découle de l'article 6 de la Déclaration des droits de l'homme. Il a été reconnu dans la décision *Taxation d'office*.

Sur saisine du président du Sénat, une disposition de la loi de finances pour 1974 avait été soumise au Conseil constitutionnel au motif qu'elle induisait une distinction inconstitutionnelle entre les contribuables au regard de la procédure fiscale. Cette disposition avait en effet pour objet de permettre au contribuable taxé d'office à l'impôt sur le revenu d'obtenir la décharge de la cotisation qui lui est assignée à ce titre s'il établissait, sous le contrôle du juge de l'impôt, que les circonstances ne peuvent laisser présumer l'existence de ressources illégales ou occultes ou de comportement tendant à éluder le paiement normal de l'impôt. Toutefois, cette possibilité d'apporter une preuve contraire à la taxation d'office n'était offerte qu'à certains contribuables, en raison d'une catégorisation basée sur le niveau des revenus.

Le Conseil constitutionnel juge ainsi que la disposition porte atteinte au principe d'égalité devant la loi contenu dans la Déclaration des droits de l'homme de 1789.

Dans le même ordre d'idées, le principe d'égalité s'applique au délai de prescription opposable à l'administration qui souhaite procéder à l'établissement d'une imposition (délai de reprise, voir le Chapitre 4).

Le législateur ne peut instaurer des délais de reprise différents applicables à des catégories de revenus différentes au sein du même impôt sur le revenu. En l'espèce, le délai de reprise de droit commun est de trois ans, alors qu'il est réduit à deux ans pour les contribuables n'ayant disposé que de traitements, salaires ou pensions.

Pour aller plus loin

Le Conseil constitutionnel estime que la loi aboutit à traiter différemment, au regard de l'exercice par l'administration fiscale de son droit de reprise, des contribuables qui peuvent être placés dans des conditions identiques, et que pour cette raison cette différence de traitement porte atteinte au principe d'égalité des citoyens devant la loi (*décision n° 86-209 DC du 3 juillet 1986, Loi de finances rectificative pour 1986*).

Notons enfin que le Conseil constitutionnel a rattaché au principe d'égalité devant la loi fiscale celui de l'***intelligibilité de la loi*** (voir le Chapitre 2).

Les limites du principe d'égalité

L'égalité n'est pas absolue : la loi peut prévoir des règles différentes en cas de différences de situation ou lorsqu'un motif d'intérêt général le justifie : « *Le principe d'égalité ne s'oppose ni à ce que le législateur règle de façon différente des situations différentes ni à ce qu'il déroge à l'égalité pour des raisons d'intérêt général pourvu que, dans l'un et l'autre cas, la différence de traitement qui en résulte soit en rapport avec l'objet de la loi qui l'établit* » (*décision du Conseil constitutionnel n° 91-302 DC du 30 décembre 1991, Loi de finances pour 1992* ; voir également la jurisprudence du Conseil d'État, par exemple, *CE, 5 décembre 2011, Confédération générale des petites et moyennes entreprises de la Polynésie française*).

a) La rupture d'égalité en cas de différence de situation

Comme l'affirme le Conseil constitutionnel, « *le principe d'égalité devant la loi, énoncé dans l'article 6 de la Déclaration des droits de l'homme de 1789 et, à ce titre solennellement réaffirmé par le préambule de la Constitution, s'il implique qu'à situations semblables il soit fait application de règles semblables, n'interdit aucunement qu'à des situations différentes soient appliquées des règles différentes* » (*décision n° 79-112 DC du 9 janvier 1980, Loi portant aménagement de la fiscalité directe locale*).

Par exemple, le législateur peut assujettir de manière différente à la taxe sur les salaires des entreprises qui ne sont pas dans la même situation, et établir un barème de la taxe sur les salaires qui tient compte de la différence de situation entre les contribuables qui ne relèvent pas des mêmes secteurs d'activité (*décision n° 2010-28 QPC du 17 septembre 2010, Association Sportive Football Club de Metz [Taxe sur les salaires]*).

En revanche, les contribuables veufs, divorcés ou célibataires ayant élevé un ou plusieurs enfants sont placés dans une situation identique, résultant de leur isolement et de leurs charges de famille. Lorsque la loi abaisse les avantages fiscaux des seuls contribuables divorcés ou célibataires à l'exception des veufs, le Conseil constitutionnel la censure pour rupture d'égalité devant l'impôt : « *En limitant aux seuls divorcés et célibataires l'abaissement du plafond de la réduction d'impôt résultant de l'octroi de la demi-part supplémentaire accordée dans des conditions identiques aux veufs, divorcés et célibataires ayant élevé au moins un enfant, le législateur a méconnu le principe de l'égalité devant l'impôt* » (*décision n° 96-385 DC du 30 décembre 1996, Loi de finances pour 1997*).

b) La rupture d'égalité pour des raisons d'intérêt général

Peuvent justifier une rupture d'égalité au nom d'un intérêt général :

- la ***lutte contre l'évasion fiscale***. Par exemple, dans la décision n° 86-209 DC du 3 juillet 1986 (*Loi de finances rectificative pour 1986*), le Conseil constitutionnel porte son appréciation sur un mécanisme d'amnistie fiscale. La loi en cause permet aux propriétaires d'avoirs irrégulièrement détenus à l'étranger de rapatrier ces sommes alors frappées par une taxe spéciale de 10 %, dérogeant ainsi aux impositions normales de l'année en cours. Le Conseil juge que dans l'intention du législateur, ces dispositions visent à éviter qu'un contribuable qui n'a pas acquitté l'impôt persévère dans un comportement irrégulier et tendent à susciter le rapatriement des avoirs détenus à l'étranger afin de faire bénéficier l'économie nationale d'un apport de ressources financières nouvelles. Pour le Conseil, il est certes « *dans la nature du texte* » de porter atteinte au principe d'égalité devant l'impôt, mais pour des motifs d'intérêt général qu'il appartient au législateur d'apprécier, une telle atteinte peut être admise, à la condition que les personnes bénéficiaires de l'amnistie soient définies de manière objective et que les modalités retenues limitent les effets de cette mesure à l'apurement des irrégularités antérieures à son entrée en vigueur ;
- la ***protection de l'environnement***. Par exemple, la lutte contre la prolifération d'imprimés publicitaires gratuits peut justifier un traitement fiscal particulier de leurs distributeurs (*décision n° 2003-488 DC du 29 décembre 2003, Loi de finances rectificative pour 2003*). De même, à propos de la contribution carbone, le Conseil juge que le principe d'égalité ne fait pas obstacle à ce que soient établies des impositions spécifiques ayant pour objet d'inciter les redevables à adopter des comportements conformes à des objectifs d'intérêt général (*décision n° 2009-599 DC du 29 décembre 2009, Loi de finances pour 2010*) ;
- la ***simplicité du système fiscal*** (*décision n° 99-425 DC du 29 décembre 1999, Loi de finances rectificative pour 1999*) ;
- la ***sauvegarde de la compétitivité*** de secteurs économiques exposés à la concurrence internationale (*décision n° 2009-599 DC du 29 décembre 2009, Loi de finances pour 2010*) ;
- le ***soutien à une activité économique***, justifiant par exemple l'instauration de niches fiscales (s'agissant du soutien à l'activité du bâtiment : *décision n° 93-320 DC du 21 juin 1993, Loi de finances rectificative pour 1993*) ;
- ***une meilleure répartition des commerces*** : dans la décision n° 2010-58 QPC du 18 octobre 2010 (*PROCOS et autres [Taxe sur les surfaces commerciales]*), le Conseil constitutionnel juge qu'en instituant une taxe sur les surfaces commerciales, le législateur a entendu favoriser un développement équilibré du commerce et a, pour ce faire, choisi d'imposer les établissements commerciaux de détail ayant une surface significative. Aussi, en adoptant les dispositions

contestées, il a entendu soumettre à cette taxe un ensemble intégré d'établissements dont la superficie cumulée dépasse un certain seuil ; en prévoyant cette double condition, il a fondé son appréciation sur des critères objectifs et rationnels, il n'en résulte donc pas de rupture caractérisée de l'égalité devant les charges publiques ;

- ***la lutte contre la consommation alcoolique des jeunes***. Toutefois, le législateur commet une violation du principe d'égalité s'il n'impose pas plus durement les boissons contenant de l'alcool mais les « boissons énergisantes » riches en caféine ou en taurine qui, mélangées à de l'alcool, auraient des conséquences néfastes sur la santé des consommateurs, en particulier des plus jeunes. Dans ce cas, le législateur a établi une imposition qui n'est pas fondée sur des critères objectifs et rationnels en rapport avec l'objectif poursuivi (*décision n° 2012-659 DC du 13 décembre 2012, Loi de financement de la sécurité sociale pour 2013*) ;
- ***la lutte contre la consommation de boissons caféinées***, en revanche, peut justifier l'instauration de la même taxe dont l'assiette est cohérente avec l'objectif du législateur (décision du Conseil constitutionnel n° 2014-417 QPC du 19 septembre 2014, *Société Red Bull On Premise et autre [Contribution prévue par l'article 1613 bis A du Code général des impôts]*)

2 La liberté et la propriété

Le contribuable bénéficie du droit au respect de la vie privée, de la liberté religieuse, de la liberté d'aller et venir et du droit de propriété.

■ *Les libertés du contribuable*

Les libertés fondamentales du contribuable doivent être conciliées avec le principe constitutionnel de nécessité de l'impôt, comme le déclare le Conseil constitutionnel dans sa décision n° 83-164 DC du 29 décembre 1983 (*Loi de finances pour 1984*) : « *L'exercice des libertés et droits individuels ne saurait en rien excuser la fraude fiscale ni en entraver la légitime répression* ».

a) Le respect de la vie privée

Le contribuable a ***droit au respect de sa vie privée***. Ainsi, la création de fichiers contenant des données fiscales doit répondre à certaines garanties protégeant les contribuables (*CE, 24 août 2011, HSBC* : à propos d'EVAFISC, fichier de comptes bancaires détenus hors de France par des personnes physiques ou morales).

Les visites et saisies domiciliaires pratiquées par l'administration doivent également respecter le domicile et la vie privée (pour le cas particulier de l'administration des douanes, arrêt *CEDH, 25 février 1993, Funke c/France* : l'administration des douanes disposait de pouvoirs larges, ayant compétence pour apprécier seule l'opportunité, le nombre, la durée et l'ampleur des opérations de contrôle, et en l'absence de tout mandat judiciaire).

Toutefois, ce droit au respect de la vie privée peut entrer en concurrence avec la liberté d'expression des journalistes. Dans ce cas, la Cour européenne des droits de l'homme estime que la liberté d'expression n'est pas respectée lorsque la France condamne la publication d'avis d'impositions de grands chefs d'entreprise (affaire dite du Canard Enchaîné : arrêt du 21 janvier 1999, *Fressoz et Roire c/France*). Cette publication portait en effet sur une question d'intérêt général justifiant l'ingérence dans le droit au respect de la vie privée.

Le droit fiscal ne peut pas non plus porter atteinte au droit de mener une vie familiale normale, en lien avec le droit au respect de la vie privée. Le Conseil constitutionnel juge toutefois que les dispositions de l'article 786 du CGI prévoyant que pour la perception des droits de succession, il n'est pas tenu compte du lien de parenté résultant de l'adoption simple (le taux applicable aux tiers, le plus élevé du barème, est donc applicable), ne méconnaissent pas le droit de mener une vie familiale normale et sont conformes à la Constitution (*décision n° 2013-361 QPC du 28 janvier 2014, Consorts P. de B. [Droits de mutation pour les transmissions à titre gratuit entre adoptants et adoptés]*).

b) La liberté de religion

Le contribuable bénéficie également de la ***liberté de religion*** de l'article 9 de la Convention européenne des droits de l'homme. Ceci peut sembler curieux de prime abord, mais la fiscalité peut interférer dans les affaires religieuses et les convictions de chacun. La question de l'impôt religieux est notamment posée, comme il en existe en Allemagne par exemple.

Dans ce système, un impôt est dû à l'Église dominante, sauf si les contribuables déclarent pratiquer une autre religion. En conséquence, il est fait référence à un impôt cultuel sur les relevés d'imposition, documents pouvant être mis à la connaissance de certains tiers (employeur, banques, organismes d'assurances, propriétaire d'un logement).

Saisie de la question de la compatibilité de ce mécanisme avec l'article 9 de la Convention, la Cour y voit certes une ingérence dans la liberté de religion, mais celle-ci est légitime car elle contribue à garantir le droit des Églises de lever l'impôt (*CEDH, 17 février 2011, Wasmuth c/Allemagne*).

Pour aller plus loin

Dans un autre ordre d'idées en revanche, la Cour a sanctionné la France pour violation de la liberté de religion en raison d'un redressement fiscal jugé insuffisamment prévisible par une association cultuelle (*CEDH, 30 juin 2011, Association Les Témoins de Jéhovah c/France*). En l'espèce, l'association a fait l'objet d'un redressement à raison des dons dont elle bénéficie. La règle de l'imposition de ces dons avait cependant varié dans le temps et selon les interprétations, ce qui pour la Cour représente une ingérence non prévue par la loi dans la liberté de religion.

c) La liberté d'aller et venir

Enfin, le contribuable bénéficie également de la ***liberté d'aller et venir***, et ce même s'il fait l'objet de poursuites pour des raisons fiscales. Le Tribunal des conflits estime ainsi que l'ordre de retirer son passeport à un contribuable au motif qu'il était redevable de lourdes impositions et n'offrait pas de garanties de solvabilité ne découle ni de poursuites pénales, ni de la mise à exécution d'une contrainte par corps.

Une telle mesure porte atteinte à la liberté fondamentale d'aller et venir, laquelle n'est pas limitée au territoire national, mais comporte également le droit de le quitter. Le retrait de passeport est donc manifestement insusceptible de se rattacher à l'exercice d'un pouvoir conféré par la loi à l'administration pour assurer le recouvrement d'impôts directs et constitue une voie de fait (*T. confl., 9 juin 1986, Eucat c/Trésorier-payeur général du Bas-Rhin*).

De la même façon, la Cour de justice de l'Union européenne n'accepte qu'un État membre interdise à ses citoyens la sortie du territoire national en conséquence du non-paiement d'une dette fiscale que s'il s'agit d'une décision exceptionnelle (*CJUE, 17 novembre 2011, Aladzhov*).

■ *Le droit de propriété du contribuable*

Le droit de propriété est solennellement proclamé à l'article 17 de la Déclaration des droits de l'homme (« *La propriété étant un droit inviolable et sacré, nul ne peut en être privé, si ce n'est lorsque la nécessité publique, légalement constatée, l'exige évidemment, et sous la condition d'une juste et préalable indemnité* ») et par l'article 1er du 1er protocole à la Convention européenne des droits de l'homme (« *Toute personne physique ou morale a droit au respect de ses biens. Nul ne peut être privé de sa propriété que pour cause d'utilité publique et dans les conditions prévues par la loi et les principes généraux du droit international* »).

Toutefois, ces deux textes consacrent également le principe de ***nécessité de l'impôt*** (article 13 de la Déclaration des droits de l'homme et alinéa 2 de l'article 1er du 1er protocole : « *Les dispositions précédentes ne portent pas atteinte au droit que possèdent les États de mettre en vigueur les lois qu'ils jugent nécessaires pour réglementer l'usage des biens conformément à l'intérêt général ou pour assurer le paiement des impôts ou d'autres contributions ou des amendes* »).

Le droit de propriété doit donc pouvoir être concilié avec le pouvoir de l'État de lever les impôts, la question étant de savoir à partir de quel seuil la perception des impôts porte une atteinte aux revenus et au patrimoine telle qu'elle est contraire au droit de propriété. La Cour européenne des droits de l'homme vérifie ainsi que toute ingérence, y compris celle résultant d'une mesure tendant à assurer le paiement des impôts, ménage un « *juste équilibre* » entre les exigences de l'intérêt général de la communauté, et les impératifs de la protection des droits fondamentaux de l'individu (*CEDH, 31 janvier 2006, Dukmedjian c/France*).

Pour aller plus loin

La question s'est justement posée à propos des impôts sur le capital. Interrogés sur l'atteinte à la propriété occasionnée par la création ou le relèvement des taux de l'impôt sur la fortune français, ni la Cour de cassation (*Cass. com., 25 janvier 2005, Imbert de Trémiolles*), ni la Cour européenne des droits de l'homme (*CEDH, 4 janvier 2008, Imbert de Trémiolles c/ France*), ou le Conseil constitutionnel (*décision n° 98-405 DC du 29 décembre 1998, Loi de finances pour 1999*) n'ont vu d'atteinte à la propriété.

Le Conseil constitutionnel estime cependant que l'article 13 de la Déclaration des droits de l'homme ne serait pas respecté si l'impôt revêtait un caractère confiscatoire ou faisait peser sur une catégorie de contribuables une charge excessive au regard de leurs facultés contributives (*décision n° 2005-530 DC du 29 décembre 2005, Loi de finances pour 2006*).

Par exemple, dans la décision n° 2012-662 DC du 29 décembre 2012 (*Loi de finances pour 2013*), le Conseil constitutionnel a censuré une taxation forfaitaire des produits des bons anonymes portée de 75,5 % à 90,5 % et portant sur la totalité de ces produits au motif qu'elle fait peser sur les détenteurs de bons et titres une charge excessive au regard de cette capacité contributive.

Certains mécanismes visent d'ailleurs à prévenir cette confiscation, comme le plafonnement des impôts. La difficulté d'apprécier le caractère confiscatoire de l'impôt provient également de l'absence d'évaluation globale de l'effet de l'ensemble des prélèvements obligatoires sur les revenus des contribuables, étant donné que les juridictions sont amenées à apprécier seulement chaque impôt pris isolément.

Enfin, le droit de propriété peut être invoqué à l'encontre des lois de validation (*CE, 21 octobre 2011, SNC Peugeot Citroën Mulhouse*, voir le Chapitre 1).

3 Le droit au procès équitable

Le droit au procès équitable ne concerne pas, par principe, les litiges fiscaux mais les exceptions sont nombreuses.

■ *L'inapplication apparente du droit au procès équitable en matière fiscale*

En vertu de l'article 6 de la Convention européenne des droits de l'homme, le droit au procès équitable semble avoir un champ d'application strictement défini : « *Toute personne a droit à ce que sa cause soit entendue équitablement, publiquement et dans un délai raisonnable, par un tribunal indépendant et impartial, établi par la loi, qui décidera, soit des contestations sur ses droits et obligations de caractère civil, soit du bien-fondé de toute accusation en matière pénale dirigée contre elle* ».

La matière fiscale semble ainsi exclue du champ du procès équitable, comme le confirment le Conseil d'État (*CE, 2 juin 1989, Bussoz*) et la Cour européenne dans les arrêts du 20 avril 1999 (*Vidacar SA c/Espagne* et *Opergrup SL c/Espagne*) et du 12 juillet 2001 (*Ferrazzini c/Italie* : « *Les évolutions qui ont pu avoir lieu dans les sociétés démocratiques ne concernent toutefois pas la nature essentielle de l'obligation pour les individus ou les entreprises de payer des impôts. Par rapport à l'époque de l'adoption de la Convention, il n'y a pas là d'intervention nouvelle de l'État dans le domaine « civil » de la vie des individus. La Cour estime que la matière fiscale ressortit encore au noyau dur des prérogatives de la puissance publique, le caractère public du rapport entre le contribuable et la collectivité restant prédominant. La Convention et ses protocoles devant s'interpréter comme un tout, la Cour observe également que l'article 1 du protocole n° 1, relatif à la protection de la propriété, réserve le droit que possèdent les États de mettre en vigueur les lois qu'ils jugent nécessaires pour assurer le paiement des impôts [...]. Sans y attacher une importance décisive, la Cour prend cet élément en considération. Elle estime que le contentieux fiscal échappe au champ des droits et obligations de caractère civil, en dépit des effets patrimoniaux qu'il a nécessairement quant à la situation des contribuables* »). La Cour de cassation quant à elle se conforme à cette jurisprudence (*Cass. com., 12 juillet 2004, Consorts Pelat*), après avoir jugé le contraire (*Cass. AP, 14 juin 1996, Kloeckner*).

■ *L'application par exception du droit au procès équitable*

C'est donc par exception que le droit au procès équitable s'applique en matière fiscale, mais il apparaît que ces exceptions sont très nombreuses :

- le prononcé des ***sanctions fiscales*** est considéré par la Cour européenne comme une matière pénale. En effet, ces sanctions revêtent le double caractère préventif et répressif attaché aux sanctions pénales. Leur contestation doit donc respecter les exigences de l'article 6 de la Convention (*CEDH, 24 février 1994, Bendenoun c/France*) ;
- la ***violation du domicile*** est considérée par la Cour comme une affaire civile. En cas de visite domiciliaire, les contribuables doivent donc bénéficier du procès équitable et, notamment, d'un accès à un tribunal. Par exemple, la Cour européenne juge dans l'arrêt du 21 février 2008, *Ravon c/France*, qu'en matière de perquisition fiscale, les personnes concernées doivent obtenir un contrôle juridictionnel effectif, en fait comme en droit, de la régularité de la décision prescrivant la visite ainsi que des mesures prises sur son fondement. Ainsi, le ou les recours disponibles doivent permettre, en cas de constat d'irrégularité, soit de prévenir la survenance de l'opération, soit, dans l'hypothèse où une opération jugée irrégulière a déjà eu lieu, de fournir à l'intéressé un redressement approprié. En l'espèce, les ordonnances autorisant les visites ne sont susceptibles que d'un pourvoi en cassation, c'est-à-dire d'un recours uniquement en droit. La Cour européenne estime que l'accès à un tribunal et donc l'article 6 de la Convention ne sont pas respectés ;
- les litiges portant sur des ***droits à caractère patrimonial*** enfin, relèvent pour la Cour du domaine civil, ce qui permet d'y inclure de nombreux litiges de droit fiscal (*CEDH, 26 mars 1992, Éditions Périscope c/France* : « *La Cour relève que l'action de la société requérante avait un objet "patrimonial" et se fondait sur une atteinte alléguée à des droits eux aussi patrimoniaux. Le droit en question revêtait donc "un caractère civil", nonobstant l'origine du différend et la compétence des juridictions administratives* »).

Chapitre 4

Le contrôle des déclarations du contribuable

Le contribuable est soumis à de nombreuses obligations. Si celles-ci ne sont pas remplies, le contribuable s'expose à des sanctions, lesquelles peuvent être prononcées tant par l'administration fiscale que par le juge pénal.

Si le contribuable est défini comme le débiteur principal de l'impôt, la notion de ***redevable*** est sensiblement plus large, puisqu'elle inclut les personnes solidaires du paiement de l'impôt avec le contribuable. Il s'agit notamment :

- des époux ou partenaires de PACS en matière d'impôt sur le revenu, de taxe d'habitation s'ils vivent sous le même toit et d'impôt sur la fortune (la loi du 24 décembre 2007 instaure toutefois un droit à décharge de solidarité de paiement entre époux ou partenaires de PACS en cas de divorce ou de séparation et s'il existe une disproportion manifeste entre la dette fiscale réclamée et la situation patrimoniale du demandeur) ;
- des héritiers à raison de leur quote-part successorale ;
- des propriétaires s'agissant de la taxe d'habitation due par les locataires ;
- des propriétaires de fonds de commerce s'agissant des impôts locaux dus par l'exploitant.

Cette solidarité est prévue par la loi et ne peut être présumée, comme par exemple la solidarité des époux en matière de prélèvements sociaux (*CE, 10 juillet 2012, Mme Augé*).

Le contribuable est assujetti à de nombreux devoirs dont le respect est assuré par le contrôle fiscal, mais dispose en contrepartie de certaines garanties.

1 Les devoirs du contribuable

Les devoirs du contribuable sont au nombre de trois : il s'agit de l'obligation de déclarer, de payer la dette fiscale et d'être de bonne foi.

L'obligation déclarative

L'obligation déclarative du contribuable concerne une large majorité des impôts, qu'elle soit spontanée (impôt sur la fortune, droits de succession, impôt sur les sociétés, TVA par exemple) ou rappelée par l'administration fiscale (impôt sur le revenu notamment). Cette déclaration permet de faire connaître l'assiette de l'impôt à l'administration fiscale, et s'accompagne dans le système spontané du calcul de l'impôt par le contribuable.

La déclaration se justifie par le fait que le contribuable est le mieux à même de connaître ses revenus ou son patrimoine, mais elle suppose des contrôles de l'administration fiscale, car il peut être tentant de sous-estimer cette base d'imposition afin d'alléger la somme due au fisc. Notons toutefois que la déclaration peut également être le fait de tiers, principalement l'employeur du contribuable (qui déclare les salaires versés) ou les banques (déclarant les placements du contribuable et leurs dividendes). Cette ***déclaration-témoignage*** permet de confirmer (ou non) les déclarations du contribuable.

Les déclarations consistent en des formulaires spécifiques pour chaque impôt ; elles sont signées et leur envoi tardif entraîne des sanctions fiscales (voir *infra*). La déclaration des revenus en ligne est possible, une modalité de « télécorrection » ayant même été créée en 2012, permettant aux contribuables ayant déclaré leurs revenus en ligne de rectifier ces informations.

La déclaration s'oppose au système du ***prélèvement à la source***, qui ne sollicite pas le contribuable. Il s'agit d'un prélèvement direct sur l'assiette de l'impôt, comme par exemple la contribution sociale généralisée, prélevée directement sur les salaires, ce qui est visible sur la fiche de paie.

La bonne foi

Il peut sembler curieux qu'une notion aussi floue trouve sa place dans un droit aussi rigoureux que le droit fiscal. Et pourtant la bonne foi est évoquée dans de nombreux articles du Livre des procédures fiscales, par exemple les articles L80A et L80B (voir le Chapitre 2), ou encore les articles L18 ou L62.

La ***bonne foi*** est pourtant très difficile à définir : elle suppose l'absence de volonté de frauder, c'est-à-dire une simple erreur involontaire. Elle est présumée chez le contribuable : c'est donc à l'administration fiscale de prouver que le contribuable a eu la volonté de tromper le fisc.

Pour démontrer la ***mauvaise foi*** (ou manquement délibéré depuis l'ordonnance du 7 décembre 2005), l'administration doit en effet apporter la preuve de l'insuffisance, de l'inexactitude ou du caractère incomplet des déclarations, mais aussi de l'intention de l'intéressé d'éluder l'impôt. Cet élément intentionnel est assez difficile à prouver : la connaissance des règles fiscales par des praticiens du droit ou de la comptabilité peut ainsi révéler l'intention de frauder (*CE, 24 novembre 1976*). Tout autre élément tiré du comportement du contribuable peut également être apporté (par exemple son comportement lors du contrôle fiscal), mais n'est pas suffisant (*CE, 27 juin 2012, M. Desprez*).

La preuve de la mauvaise foi a des conséquences importantes, puisque dans de nombreux cas, des ***sanctions fiscales sévères*** sont prévues : l'article 1729 du Code général des impôts prévoit que les inexactitudes ou les omissions relevées dans une déclaration entraînent une majoration de 40 % en cas de manquement délibéré.

■ *Le paiement*

Le paiement est bien sûr le devoir ultime du contribuable. Il s'agit d'une obligation certes personnelle, mais qui peut peser sur d'autres individus que le contribuable lui-même en cas de défaillance. On parle alors de redevables. C'est un lien de solidarité entre le contribuable et les éventuels redevables qui justifie cette obligation.

> **Pour aller plus loin**
>
> À propos de la transmission de la dette fiscale aux héritiers, le Conseil constitutionnel a indiqué que la charge des pénalités fiscales transmises aux héritiers n'est pas contraire aux principes d'individualisation des peines ou de présomption d'innocence (*décision n° 2012-239 QPC du 4 mai 2012, Mme Ileana A. [Transmission des amendes, majorations et intérêts dus par un contribuable défunt ou une société dissoute]*).

Le paiement est soit ***spontané***, accompagnant alors la déclaration (par exemple en matière d'impôt sur la fortune, d'impôt sur les sociétés, de TVA), soit exigé après un ***avertissement*** (en matière d'impôt sur le revenu).

Le retard dans le paiement entraîne non seulement une ***sanction fiscale*** (majoration), mais aussi ***l'acquittement d'intérêts de retard***. Ceux-ci sont actuellement fixés à 0,40 % par mois, soit 4,8 % par an.

Enfin, si le paiement se fait par principe en argent (en une seule fois, par tiers ou par mois), un paiement en nature (œuvres d'art, immeubles) est également prévu pour certains impôts, comme l'impôt sur la fortune ou les droits de succession.

2 Le contrôle fiscal

La fraude fiscale découverte par l'administration a atteint 18 milliards d'euros en 2013, alors qu'elle représenterait près de 50 milliards d'euros par an. Dans cette optique, le Conseil constitutionnel fait de la lutte contre la fraude et l'évasion fiscales un objectif à valeur constitutionnelle (*décision n° 2011-166 QPC du 23 septembre 2011, M. Pierre-Yves M. [Lutte contre l'évasion fiscale]*).

L'enjeu est donc de taille pour l'administration fiscale, qui dispose de moyens d'investigation et de procédures de contrôle pour révéler les fraudes. En effet, « *un système d'imposition se fondant principalement sur les déclarations établies par les contribuables ne saurait préserver les intérêts financiers légitimes de l'État sans un régime de sanctions efficaces* » (*CE, avis du 4 décembre 2009, Société Rueil Sports*). Le contribuable encourt ainsi des sanctions administratives et pénales, mais n'est pas dénué de toute voie de recours (voir Chapitre 5).

■ *La recherche préalable d'informations*

a) Les demandes de renseignements

La demande de renseignement est un simple courrier adressé au contribuable, sans conséquences juridiques en l'absence de réponse.

b) Les demandes d'éclaircissement et de justifications

L'article L16 du Livre des procédures fiscales encadre ces demandes de l'administration, qui peuvent consister en :

- un ***éclaircissement***, c'est-à-dire une explication sur un aspect de la déclaration, qui peut sembler opaque à l'administration fiscale ou contradictoire avec d'autres informations dont elle dispose ;
- une ***justification***, c'est-à-dire la preuve de certains éléments de la déclaration. Ceux-ci sont limitativement énumérés, et concernent par exemple la déduction des charges du revenu net global, la situation ou les charges de famille, ou les revenus à l'étranger. L'administration fiscale ne peut pas adresser des demandes de justifications sur ce fondement en dehors des cas prévus par la loi. Toutefois une telle irrégularité demeure sans conséquence sur le bien-

fondé de l'imposition si celle-ci n'a pas eu d'influence sur le redressement, et si le contribuable n'a été privé d'aucune garantie (*CE, 16 avril 2012, Meyer*).

Les demandes d'éclaircissement et de justifications sont adressées par lettre recommandée avec accusé de réception, sans que l'administration n'ait à engager un dialogue avec le contribuable sur les discordances relevées par elle (*CE, 9 mars 2012, M. Lourdou*). Le silence du contribuable peut avoir des conséquences graves : les demandes sont en effet assorties d'un délai de réponse d'au moins soixante jours, et l'absence de réponse expose le contribuable à une taxation d'office (voir *infra*). Une réponse imprécise est assimilée à un défaut de réponse : une mise en demeure est alors adressée au contribuable qui doit répondre dans un délai de trente jours. En cas de silence du contribuable ou de réponse à nouveau incomplète, le contribuable s'expose à une taxation d'office.

c) Le droit de communication

En vertu de l'article L81 du Livre des procédures fiscales, les agents de l'administration fiscale peuvent exiger certains documents du contribuable, mais aussi de tiers, afin d'établir l'assiette des impôts et les contrôler en procédant à des recoupements. La demande est peu formelle, et peut être adressée à de très nombreux organismes, tant de droit public (administrations publiques, sécurité sociale, tribunaux) que de droit privé (banques, notaires, commerçants, fournisseurs d'accès et d'hébergement sur internet). Certains organismes sont même soumis à une obligation de transmission de certains documents, tels les banques. Toutefois, seule la communication de documents de nature professionnelle, et non privée, peut être exigée.

Le secret professionnel ne peut être opposé à l'administration fiscale, excepté le secret médical. Aussi, l'article 1734 du Code général des impôts prévoit une amende de 1 500 euros en cas de refus de communiquer des documents.

L'administration ne peut utiliser les informations obtenues de tiers pour déterminer les bases d'imposition du contribuable que si ces éléments sont confirmés par des documents fournis par le contribuable. Toutefois, si ces documents ne sont pas fournis, par exemple si un contribuable n'a pas tenu de comptabilité, alors l'administration peut se fonder sur ces seuls éléments (*CE, 7 novembre 2012, M. Stephan*). En outre, la loi du 6 décembre 2013 contre la fraude fiscale et la grande délinquance économique et financière permet à l'administration fiscale d'utiliser les documents transmis grâce au droit de communication, quelle que soit leur origine, c'est-à-dire même si ceux-ci ont été obtenus de manière illicite par un tiers. Ces documents ne peuvent toutefois justifier une perquisition fiscale que de manière exceptionnelle (voir *infra*), et ne peuvent fonder un redressement si les conditions de leur obtention ont été ultérieurement reconnues illégales par un juge.

d) Les perquisitions fiscales

C'est la loi du 29 décembre 1984 qui encadre le droit de l'administration fiscale d'effectuer des perquisitions, pudiquement dénommées visites domiciliaires. L'article L16B du Livre des procédures fiscales autorise ainsi les visites domiciliaires par les agents de l'administration fiscale, sur autorisation préalable du juge des libertés et de la détention. Cette procédure peut être mise en œuvre en cas de présomption d'infractions en matière d'impôts directs et de TVA.

Selon l'article L38 du LPF, la visite autorisée par le JLD ne peut commencer avant six heures ni après 21 heures. Certains documents ne peuvent être saisis, tels ceux couverts par le secret professionnel (toutes les correspondances ou consultations de l'avocat sont couvertes par ce secret : *Cass. com., 3 mai 2012, SARL Alexandre Holding*). À l'issue de la visite, un procès-verbal est dressé, relatant les modalités et le déroulement de l'opération, et faisant un inventaire des documents saisis.

La Cour européenne des droits de l'homme a remis en cause la législation française des perquisitions dans l'arrêt du 21 février 2008, *Ravon c/France*, car les voies de recours ne garantissaient pas le droit à un procès équitable de l'article 6 de la Convention.

La loi du 4 août 2008 prévoit donc une procédure d'appel devant le premier président de la Cour d'appel contre l'ordonnance autorisant la visite et un recours devant ce même juge contre le déroulement des opérations de visite et de saisie, les ordonnances de ce dernier étant susceptibles d'un pourvoi en cassation. Le Conseil d'État a confirmé la conventionnalité de cette nouvelle procédure et de son application rétroactive dans l'arrêt du 1er février 2012, *Société des logements modulaires*.

e) Le droit d'enquête

Procédure applicable en matière de TVA (particulièrement pour vérifier le système de facturation), l'enquête permet à l'administration fiscale de se rendre de manière inopinée dans les entreprises ou de convoquer les contribuables dans ses bureaux. Les agents dressent alors un procès-verbal pouvant servir ultérieurement lors d'un contrôle fiscal.

f) La flagrance fiscale

L'article L16-0 BA du Livre des procédures fiscales est créé par la loi du 25 décembre 2007 modifiée par la loi de finances rectificative du 29 décembre 2012 dans le sens d'un renforcement des pouvoirs de l'administration fiscale. La procédure de flagrance permet à l'administration de dresser un procès-verbal de flagrance fiscale et d'effectuer des saisies conservatoires des sommes dues. Cette démarche peut être effectuée à l'occasion d'une autre procédure, telle une perquisition ou une enquête, sans attendre les déclarations du contribuable, lorsque l'administration découvre des activités manifestement frauduleuses (activités occultes, fausses factures ou absence de factures, travail dissimulé...).

Le juge du référé administratif peut être saisi dans un délai de huit jours à compter de la réception du procès-verbal de flagrance fiscale, et peut mettre fin à la procédure s'il est fait état d'un moyen propre à créer, en l'état de l'instruction, un doute sérieux sur la régularité de cette procédure.

Le juge statue dans un délai de quinze jours, ou est dessaisi au profit du tribunal administratif qui se prononce en urgence. La décision du juge du référé est susceptible d'appel devant le tribunal administratif dans le délai de huit jours, lequel se prononce en urgence. La décision du juge du référé ou du tribunal administratif ordonnant qu'il soit mis fin à la procédure entraîne la mainlevée immédiate des saisies conservatoires éventuellement prises.

g) La procédure judiciaire d'enquête fiscale

À ne pas confondre avec le droit d'enquête (voir *supra*), la procédure judiciaire d'enquête fiscale (loi du 30 décembre 2009 complétée par la loi de finances rectificative du 29 décembre 2012) permet d'habiliter des agents de l'administration fiscale à exercer des pouvoirs de police judiciaire sur réquisition du procureur de la République ou sur commission rogatoire d'un juge d'instruction. Les agents peuvent ainsi effectuer des recherches ou des constats dans le cadre d'un délit de fraude fiscale.

h) Les « techniques spéciales d'enquête »

Jusqu'alors réservées à la criminalité organisée et à la grande délinquance économique et financière, ces techniques sont applicables à la fraude fiscale aggravée (voir *infra*) depuis le 1er février 2014 (loi du 6 décembre 2013 de lutte contre la fraude fiscale et la grande délinquance économique et financière). Il s'agit de l'infiltration, de l'interception des correspondances, de la captation de paroles, d'images ou de données informatiques dans un lieu privé, ou de saisies conservatoires.

■ *Les procédures de contrôle fiscal et les droits du contribuable contrôlé*

La plupart des contrôles sont des contrôles formels des éléments essentiels de la déclaration (signature, exactitude des calculs...), ou des recoupements avec les informations détenues par l'administration fiscale. Ces contrôles internes constituent la majeure partie du travail des agents de l'administration fiscale, et ne sont pas détectés par le contribuable si ses déclarations n'entraînent aucune rectification. En revanche, des contrôles effectués en dehors des bureaux de l'administration fiscale amènent les agents à se déplacer au siège de l'entreprise voire même chez le contribuable (contrôles externes).

a) La vérification de la comptabilité

D'après l'article L13 du Livre des procédures fiscales, les agents de l'administration des impôts peuvent vérifier sur place la comptabilité des contribuables astreints à tenir et à présenter des documents comptables. Cette vérification est pratiquée en matière de bénéfices industriels et commerciaux, de bénéfices non commerciaux, de bénéfices agricoles, d'impôt sur les sociétés et de TVA. Le contrôle a lieu en principe au siège de l'entreprise.

Le contribuable doit pouvoir tenir un débat oral et contradictoire avec le vérificateur. L'article L52 du Livre des procédures fiscales indique que pour les entreprises dont le chiffre d'affaires n'excède pas 783 000 euros pour les activités de vente et 267 000 euros pour les prestations de service, la vérification ne peut durer plus de trois mois, sous peine de nullité de l'imposition, sauf en cas d'exercice d'une activité occulte (loi du 6 décembre 2013 relative à la lutte contre la fraude fiscale). En outre, lorsqu'une vérification est achevée, l'administration ne peut plus procéder à un nouveau contrôle pour les mêmes périodes et le même impôt.

b) L'examen de la situation fiscale personnelle du contribuable (ESFP)

L'article L12 du Livre des procédures fiscales régit l'examen de la situation fiscale personnelle du contribuable. Il s'agit d'un contrôle fiscal externe portant sur la situation des contribuables au regard de l'impôt sur le revenu. À l'occasion de cet examen, l'administration peut contrôler la cohérence entre les revenus déclarés et la situation patrimoniale, la situation de trésorerie et les éléments du train de vie des membres du foyer fiscal. Le contrôle a lieu dans les locaux de l'administration fiscale, mais peut aussi se tenir chez l'avocat du contribuable, au siège de son entreprise ou à son domicile. Sous peine de nullité de l'imposition, le contrôle fiscal ne peut durer plus d'un an à compter de la réception de l'avis de vérification. Cette durée est portée à deux ans en cas de découverte d'une activité occulte.

c) Les garanties applicables

Lors de ces procédures de vérifications, le contribuable bénéficie de nombreuses garanties :

- le contribuable doit être averti en temps utile par ***un avis de vérification***. L'avis comprend certaines mentions obligatoires : les années soumises à vérification, la possibilité de se faire assister d'un conseil et le nom et la qualité du vérificateur. L'avis est généralement adressé dans une lettre recommandée avec accusé de réception. Il doit être envoyé en temps utile afin de permettre au contribuable de se préparer, le Conseil d'État admettant toutefois que deux jours sont suffisants (*CE, 14 mars 1990*) ;

- le contribuable faisant l'objet du contrôle se voit remettre ***la charte du contribuable vérifié***, laquelle expose les principales règles et garanties du contrôle fiscal. Cette charte est remise sous peine de nullité de la procédure et s'impose au vérificateur (art. L10, LPF) ;
- l'***emport de documents*** par le vérificateur doit toujours être autorisé par le contribuable (*CE, 21 mai 1976*) ;
- les ***résultats du contrôle*** sont ensuite portés à la connaissance du contribuable, même en l'absence d'irrégularité entraînant une rectification ;
- enfin, le contribuable bénéficie d'un délai de prescription, le ***délai de reprise*** : l'administration ne peut réparer les inexactitudes commises dans l'établissement de l'impôt que pendant un certain délai, le délai de reprise. Le Conseil d'État considère que le délai de reprise représente une garantie de la sécurité juridique du contribuable (*CE, 23 juin 2014, Polynésie française c/ M. Zannier*). Ce délai varie en fonction des impôts :
  - pour ***l'impôt sur le revenu et l'impôt sur les sociétés***, le délai de reprise expire à la fin de la troisième année suivant celle au titre de laquelle l'imposition est due. Par exception, en cas d'activité occulte, le droit de reprise expire à la fin de la dixième année suivant celle au titre de laquelle l'imposition est due,
  - pour ***les impôts locaux***, le délai de reprise expire le 31 décembre de l'année suivant celle au titre de laquelle l'imposition est établie,
  - pour les droits d'enregistrement et ***l'impôt sur la fortune***, le délai de reprise expire le 31 décembre de la sixième année suivant celle du fait générateur de l'impôt (date du décès pour les droits de succession, date de la donation, 1er janvier pour l'impôt sur la fortune). Ce délai a été réduit de dix à six ans par la loi du 21 août 2007.

Notons en revanche que certaines garanties ne sont pas applicables lors d'un contrôle fiscal : par exemple, le Conseil d'État estime que le droit de se faire assister d'un interprète lors d'un ESFP n'est pas invocable par le contribuable (*CE, 7 novembre 2012, M. et Mme Roumiantsev*). Notons également que la loi du 6 décembre 2013 relative à la lutte contre la fraude fiscale permet aux agents de l'administration de prendre copie de documents dans le cadre d'un ESFP ou d'une vérification de comptabilité. En cas d'opposition du contribuable, une amende de 1 500 euros est applicable pour chaque document, dans la limite d'un total de 10 000 euros.

Les droits du contribuable sanctionné

Le contribuable bénéficie de nombreux droits à l'occasion du redressement et du prononcé de sanctions fiscales.

a) La procédure de redressement

1) Le redressement contradictoire

Le redressement contradictoire est la procédure de droit commun de rectification de l'imposition. En cas de découverte d'une erreur ou d'une omission dans l'établissement de l'impôt, l'administration fiscale adresse au contribuable une proposition de rectification motivée, à laquelle le contribuable doit répondre dans un délai de trente jours. Le silence du contribuable dans ce délai vaut acceptation tacite. Le contribuable peut aussi produire ses observations. Dans ce cas :

- l'administration peut les accepter ;
- l'administration peut aussi les rejeter par une réponse motivée.

2) La taxation ou l'évaluation d'office

La taxation d'office est encourue en cas de méconnaissance par les contribuables de leurs obligations en matière d'impôt sur le revenu, d'impôt sur les sociétés, de TVA et de droits d'enregistrement. Elle s'applique :

- en cas d'absence de réponse à une demande d'éclaircissement ou de justifications ;
- en cas d'opposition à un contrôle fiscal ;
- en cas d'absence de déclaration dans les délais légaux.

Après une mise en demeure laissée trente jours sans réponse, l'administration peut procéder à la taxation d'office.

Dans ce cas, l'administration doit évaluer les bases d'imposition à l'aide des éléments dont elle dispose. Elle établit les impositions et les pénalités sans avoir à répondre aux éventuelles observations du contribuable. Les commissions fiscales ne peuvent pas non plus être saisies. Une fois l'impôt mis en recouvrement, le contribuable peut toutefois présenter une réclamation, la charge de la preuve lui incombant.

L'évaluation d'office, quant à elle, est appliquée lorsque le contribuable n'a pas déclaré ses bénéfices (bénéfices industriels et commerciaux, bénéfices non commerciaux, bénéfices agricoles relevant du régime réel).

3) *La procédure d'abus de droit*

L'article L64 du Livre des procédures fiscales porte sur l'abus de droit, dont la définition a été élargie par la loi du 30 décembre 2008, à la suite de la consécration par le Conseil d'État d'un principe général du droit permettant de sanctionner l'abus de droit même sans texte (*CE, 27 septembre 2006, Janfin*) : « *Afin d'en restituer le véritable caractère, l'administration est en droit d'écarter, comme ne lui étant pas opposables, les actes constitutifs d'un abus de droit, soit que ces actes ont un caractère fictif, soit que, recherchant le bénéfice d'une application littérale des textes ou de décisions à l'encontre des objectifs poursuivis par leurs auteurs, ils n'ont pu être inspirés par aucun autre motif que celui d'éluder ou d'atténuer les charges fiscales que l'intéressé, si ces actes n'avaient pas été passés ou réalisés, aurait normalement supportées eu égard à sa situation ou à ses activités réelles* ».

L'abus de droit recouvre en réalité deux comportements distincts :

- le ***montage juridique fictif*** dont le but est de se soustraire en totalité ou en partie à l'impôt : tel est le cas notamment des donations d'un bien immobilier (qui peuvent être imposées jusqu'à 60 %) déguisées en ventes (imposées à 5,09 %) ;
- la ***fraude à la loi*** qui révèle plutôt une certaine habileté dans le maniement de la loi fiscale (ou de ses failles) afin d'échapper à l'impôt. Il en est ainsi notamment d'une opération qui est certes légale, mais purement artificielle dans le seul but d'éluder l'impôt (par exemple, l'acquisition d'une participation dans une holding luxembourgeoise dépourvue de toute substance : *CE, 18 mai 2005, SA Sagal*). Le motif exclusif de l'opération doit être d'échapper à l'impôt : la disposition de loi permettant de sanctionner pour abus de droit les opérations ayant pour motif seulement principal d'échapper à l'impôt a été censurée par le Conseil constitutionnel (*décision n° 2013-685 DC du 29 décembre 2013 sur la loi de finances pour 2014*).

Dans les deux cas, l'administration fiscale est fondée à remettre en cause la situation du contribuable. Tant l'administration que le contribuable peuvent saisir le comité de l'abus de droit fiscal, mais si l'avis du comité est défavorable au contribuable, la charge de la preuve est renversée : c'est à lui de prouver qu'il n'a pas commis d'abus de droit.

Si l'abus de droit est vérifié, la sanction est importante puisqu'elle atteint le taux de 80 %, ou exceptionnellement de 40 % lorsqu'il est établi que le contribuable n'a pas eu l'initiative principale de l'acte abusif ou qu'il n'en a pas été le principal bénéficiaire.

Notons enfin que certains dispositifs visent à sanctionner des cas particuliers d'abus de droit. Par exemple, l'article 155 A du CGI permet de lutter contre une forme d'évasion fiscale ayant souvent cours dans le monde du spectacle ou du sport professionnel (*rent-a-star system*), consistant dans le versement des sommes rémunérant des prestations de services effectuées en France à une société établie hors de France (prestataire apparent). Cette dernière reverse, en général sous la forme de salaires, une fraction des sommes perçues au prestataire réel (fraction fiscalisée en France), tandis que l'essentiel de la rémunération est abrité dans la société interposée, et bénéficie d'une fiscalité plus favorable dans l'État d'implantation. L'article 155 A permet ainsi l'imposition de la totalité de la rémunération entre les mains du prestataire réel.

b) Les sanctions fiscales

1) Les sanctions administratives

Les sanctions administratives sont toujours de nature pécuniaire : seul le juge peut en effet prononcer une peine d'emprisonnement. Ces sanctions pécuniaires sont de deux types.

- LES SANCTIONS PÉCUNIAIRES NON RÉPRESSIVES

Cette appellation curieuse est celle des intérêts de retard : lorsque le contribuable n'a pas payé ou n'a pas suffisamment payé ses impôts, ou lorsqu'il s'en est acquitté trop tardivement, la collectivité publique ne dispose pas de la somme à temps, il s'agit d'une perte financière dommageable. Les intérêts de retard présentent donc un caractère indemnitaire, afin de dédommager la collectivité. Ces intérêts de retard sont de 0,40 % de la somme due par mois de retard, c'est-à-dire 4,8 % par an. Ces sanctions sont indépendantes de toutes les autres sanctions et indépendantes du comportement du contribuable ; les intérêts de retard sont cumulables avec tous les autres types de sanctions. En outre, leur caractère non répressif les fait échapper au droit commun des garanties accordées au contribuable qui fait l'objet d'une sanction fiscale : ainsi, le principe du contradictoire ne s'applique pas, ni l'exigence de motivation (*CE, 27 juillet 2001, SA Agencinox*). Les intérêts de retard sont donc toujours dus en cas de retard et quel que soit le comportement du contribuable, mais il existe deux exceptions :

- en matière d'impôt sur le revenu et d'impôts locaux, les intérêts de retard ne sont pas dus car il existe une sanction spécifique pour le retard, une majoration de 10 % ;
- de même, les intérêts ne sont pas dus lorsque l'erreur du contribuable n'excède pas 5 % de la base d'imposition de l'impôt sur le revenu ou 10 % pour l'impôt sur la fortune.

- LES SANCTIONS PÉCUNIAIRES RÉPRESSIVES

Les sanctions pécuniaires répressives sont dues lorsque le contribuable n'a pas respecté l'***obligation de déclaration***, ou en cas de ***déclaration tardive***. La sanction ordinaire s'élève à 10 % de majoration, 40 % si le contribuable ne satisfait pas à son obligation dans les trente jours suivant une mise en demeure, et 80 % en cas d'exercice d'une activité occulte.

Si le contribuable commet une ***erreur dans sa déclaration***, il n'encourt pas de sanction s'il est de bonne foi, sauf en matière d'impôt sur le revenu, car une majoration de 10 % est due même en cas de bonne foi. En revanche, en cas de mauvaise foi (manquement délibéré), la majoration est de 40 %. En cas de manœuvres frauduleuses, la majoration est de 80 %. Les manœuvres frauduleuses ont été définies comme la mise en œuvre de procédés conscients et volontaires destinés à faire disparaître ou réduire la matière imposable.

Enfin, en cas d'opposition à contrôle fiscal, la majoration est de 100 % (voir par exemple *CAA Marseille, 14 décembre 2012, min. c/SARL Casa Sansa* à propos d'une opposition à contrôle fiscal constituée par une destruction volontaire des données informatiques de l'entreprise).

En cas de ***défaut ou de retard de paiement***, les majorations sont les suivantes :

- 10 % s'agissant de l'impôt sur le revenu ou des impôts locaux ;
- 5 % pour les autres impôts.

Des ***amendes forfaitaires ou proportionnelles*** existent en outre dans de multiples cas spécifiques, notamment l'absence de production de documents, ou les dissimulations ou fraudes relatives aux factures. Par exemple, la loi du 14 mars 2012 aligne les règles applicables en cas de défaut de déclaration d'un contrat d'assurance-vie souscrit à l'étranger sur celles prévues en cas de défaut de déclaration d'un compte bancaire à l'étranger. Une amende forfaitaire est fixée à 1 500 euros, et 10 000 euros s'il s'agit d'un État n'ayant pas conclu avec la France de convention d'assistance administrative. Si le total de la valeur des contrats non déclarés est supérieur à 50 000 euros, l'amende est portée à 5 % de la valeur de ces contrats.

Notons enfin que des sanctions fiscales peuvent se cumuler : par exemple, la majoration pour déclaration tardive et la majoration pour erreur dans la déclaration des revenus (*CE, 22 avril 2005, Société Limelight Boys*).

- LE DROIT APPLICABLE AUX SANCTIONS PÉCUNIAIRES RÉPRESSIVES

Pour le Conseil constitutionnel (*décision n° 82-155 DC du 30 décembre 1982, Loi de finances rectificative pour 1982* : « *Le principe de non-rétroactivité [...] ne concerne pas seulement les peines appliquées par les juridictions répressives, mais s'étend nécessairement à toute sanction ayant le caractère d'une punition même si le législateur a cru devoir laisser le soin de la prononcer à une autorité de nature non judiciaire* »), comme pour la Cour européenne des droits de l'homme (*CEDH, 24 février 1994, Bendenoun c/France*), le droit applicable aux sanctions fiscales est le droit applicable aux sanctions pénales. Notamment, les sanctions doivent être infligées en respectant le principe du contradictoire, notifiées au contribuable et motivées. La sanction est portée à la connaissance du contribuable au moins trente jours avant la mise en recouvrement afin de lui permettre de présenter ses observations.

Le contrôle du juge sur les sanctions est un contrôle de plein contentieux, ce qui ne signifie pas pour le Conseil d'État (*CE, 8 mars 2002, SARL Clinique médicale de Mazargues et CE,*

26 décembre 2008, Gonzalès-Castrillo) que le juge puisse moduler les sanctions en dehors de l'échelle prévue par le législateur.

À l'instar du Conseil constitutionnel (*décision n° 2010-103 QPC du 17 mars 2011, Société SERAS II [Majoration fiscale de 40 % pour mauvaise foi] et décision n° 2011-220 QPC du 10 février 2012, M. Hugh A. [Majoration fiscale de 40 % pour non-déclaration de comptes bancaires à l'étranger ou de sommes transférées vers ou depuis l'étranger]*), la Cour européenne des droits de l'homme a validé cette position (*CEDH, 7 juin 2012, Segame SA c/France*).

La Cour de cassation reconnaît, quant à elle (*Cass. com., 29 avril 2007, Ferreira*), le pouvoir du juge de moduler les sanctions en dehors de l'échelle législative, pouvoir induit par la plénitude de juridiction.

Par ailleurs, le Conseil constitutionnel a été saisi de nombreux dispositifs de sanctions fiscales par le biais de la question prioritaire de constitutionnalité. Il se prononce notamment sur les majorations prenant en compte le comportement du contribuable dans les décisions n° 2010-103 QPC du 17 mars 2011 (*Société SERAS II [Majoration fiscale de 40 % pour mauvaise foi]*) et n° 2010-104 QPC du 17 mars 2011 (*Époux B. [Majoration fiscale de 80 % pour activité occulte]*). Le Conseil constitutionnel n'invalide pas ces dispositifs pour plusieurs raisons :

- les dispositions contestées instituent des sanctions financières dont la nature est directement liée à celle de l'infraction ;
- la loi a assuré la modulation des peines en fonction de la gravité des comportements réprimés : le juge décide ainsi dans chaque cas, après avoir exercé son plein contrôle sur les faits invoqués et la qualification retenue par l'administration, soit de maintenir la majoration effectivement encourue au taux prévu par la loi, soit de ne laisser à la charge du contribuable que les intérêts de retard. Le juge peut donc proportionner les pénalités selon la gravité des agissements commis par le contribuable ;
- enfin, les taux de 40 % ou de 80 % ne sont pas manifestement disproportionnés.

Dans une autre décision (*décision n° 2012-239 QPC du 4 mai 2012, Mme Ileana A. [Transmission des amendes, majorations et intérêts dus par un contribuable défunt ou une société dissoute]*), le Conseil constitutionnel est appelé à se prononcer sur la transmission de ces sanctions aux héritiers du contribuable décédé. De la même façon, le Conseil constitutionnel valide le dispositif pour les raisons suivantes :

- les pénalités sont prononcées par l'administration à l'issue d'une procédure administrative contradictoire à laquelle le contribuable a été partie ;
- les héritiers peuvent engager une contestation ou une transaction ;

– finalement, les dispositions contestées ne méconnaissent pas le principe selon lequel nul n'est punissable que de son propre fait.

2) Les sanctions pénales

Les sanctions pénales sont infligées par le juge pénal, et peuvent se cumuler avec les sanctions administratives. Alors même que l'on ne peut être puni deux fois pour le même fait (principe *non bis in idem*), le Conseil constitutionnel a toutefois admis que les sanctions administratives peuvent se cumuler avec les sanctions pénales (*décision n° 97-395 DC du 30 décembre 1997, Loi de finances pour 1998*), mais sous la réserve suivante : « *Lorsqu'une sanction administrative est susceptible de se cumuler avec une sanction pénale, le principe de proportionnalité implique qu'en tout état de cause, le montant global des sanctions éventuellement prononcées ne dépasse pas le montant le plus élevé de l'une des sanctions encourues* ». Le Conseil constitutionnel a récemment maintenu cette position, en dépit de la jurisprudence européenne qui s'oppose au cumul en raison du principe *non bis in idem* (*CEDH, 4 mars 2014, Grande Stevens c/Italie ; CEDH, 27 novembre 2014, Lucky Dev c/Suède*) : « *Le principe de nécessité des peines ne fait pas obstacle à ce que les mêmes faits commis par une même personne puissent faire l'objet de poursuites différentes aux fins de sanction de nature administrative ou pénale en application de corps de règles distincts devant leur propre ordre de juridiction* » (*décision n° 2014-453/454 QPC et 2015-462 QPC du 18 mars 2015, M. John L. et autres [Cumul des poursuites pour délit d'initié et des poursuites pour manquement d'initié]*).

Le contribuable coupable du ***délit de fraude fiscale*** est identifié de façon assez large à l'article 1741 du Code général des impôts : il s'agit de « *quiconque s'[étant] frauduleusement soustrait ou [ayant] tenté de se soustraire frauduleusement à l'établissement ou au paiement total ou partiel des impôts visés dans la présente codification, soit qu'il ait volontairement omis de faire sa déclaration dans les délais prescrits, soit qu'il ait volontairement dissimulé une part des sommes sujettes à l'impôt, soit qu'il ait organisé son insolvabilité ou mis obstacle par d'autres manœuvres au recouvrement de l'impôt, soit en agissant de toute autre manière frauduleuse* ».

La fraude fiscale est ainsi constituée en présence d'un ***élément matériel*** (une fraude), et d'un ***élément intentionnel*** (la volonté de commettre la fraude). Il peut s'agir par exemple de la dissimulation d'une partie des sommes sujettes à l'impôt (*Cass. crim., 25 février 2012*).

Le déclenchement des poursuites pénales est soumis à un « double verrou » : la poursuite du délit par le Ministère public soumise à une plainte de l'administration fiscale, elle-même déposée après avis conforme de la commission des infractions fiscales (voir *supra* Chapitre 2). Notons également que la répression des infractions les plus graves (délits fiscaux d'une grande complexité et blanchiment) est confiée depuis les lois organique et ordinaire du 6 décembre 2013 à un Procureur financier placé près le Tribunal de grande instance de Paris. La procédure pénale s'applique ensuite à l'enquête, le Conseil constitutionnel jugeant par exemple qu'une garde à vue de 96 heures pour le délit de fraude fiscale en bande organisée n'est pas proportionnée (décision n° 2013-679 DC du 4 décembre 2013, *Loi relative à la lutte contre la fraude fiscale et la grande délinquance économique et financière*).

La loi du 14 mars 2012 a porté le montant des amendes pénales de 37 500 euros à 500 000 euros dans le cas général, et de 75 000 euros à 750 000 euros dans des cas particuliers, notamment de facturation fictive. Les peines sont portées de cinq à sept ans de prison et un million d'euros d'amende lorsque le délit comporte l'utilisation d'un paradis fiscal (délit de fraude fiscale aggravée). La loi du 6 décembre 2013 relative à la lutte contre la fraude fiscale porte également à 2 000 000 d'euros et à sept ans d'emprisonnement les peines applicables lorsque les faits ont été commis en bande organisée ou réalisés notamment au moyen d'une domiciliation fiscale fictive à l'étranger ou de l'usage d'une fausse identité.

Il existe en outre divers délits spéciaux. Par exemple, l'article 1746 du Code général des impôts assortit d'une amende de 25 000 euros « *le fait de mettre les agents habilités à constater les infractions à la législation fiscale dans l'impossibilité d'accomplir leurs fonctions* ». Cette amende est complétée par une peine d'emprisonnement de six mois en cas de récidive.

Enfin, l'article 1745 du CGI prévoit une garantie de paiement sous la forme d'une solidarité pénale : « *Tous ceux qui ont fait l'objet d'une condamnation définitive, prononcée en application des articles 1741, 1742 ou 1743 peuvent être solidairement tenus, avec le redevable légal de l'impôt fraudé, au paiement de cet impôt ainsi qu'à celui des pénalités fiscales y afférentes* ». En qualité de codébiteur de la dette fiscale, la personne condamnée dispose toutefois d'une action récursoire à l'encontre du redevable légal. La Cour de cassation estime que cette solidarité ne méconnaît aucune disposition constitutionnelle (notamment les articles 7, 8, 9 et 16 de la Déclaration des droits de l'homme), car le prononcé de la solidarité est facultatif et respecte le principe du contradictoire (*Cass. crim., 25 février 2015*).

Les contentieux fiscal et pénal sont totalement indépendants, ce qui peut conduire à certaines situations apparemment inéquitables : ainsi, une condamnation pénale pour fraude à la TVA ne peut pas être révisée malgré un jugement du tribunal administratif dégrevant intégralement les redressements fiscaux notifiés (commission de révision des condamnations pénales, 14 mai 2012). De la même façon, une condamnation pénale peut être prononcée alors même que le juge de l'impôt n'a pas définitivement statué (*Cass. crim., 13 juin 2012*).

Les recours du contribuable

Chapitre 5

Le droit au recours est un droit constitutionnel et conventionnel dont le contribuable bénéficie à l'encontre des décisions de l'administration fiscale. Les recours juridictionnels en matière fiscale sont marqués par une particularité, puisqu'ils doivent pour la plupart être précédés d'une procédure amiable, appelée recours administratif préalable obligatoire.

Le contribuable contestant son imposition ou les modalités de l'imposition dispose de voies de recours précontentieuses assez souples s'il ne souhaite pas engager immédiatement le litige. En revanche, la voie contentieuse est soumise à des règles strictes.

1 Les recours précontentieux

Aux côtés de recours administratifs très classiques, il existe des voies précontentieuses plus originales, telles la transaction ou la médiation.

■ *Les recours administratifs*

Les recours administratifs sont les mêmes qu'en droit administratif général, et peuvent être portés devant l'administration compétente, ou un service hiérarchiquement supérieur.

a) Le recours gracieux

L'article L247 du Livre des procédures fiscales permet à l'administration fiscale d'accorder à titre gracieux des remises totales ou partielles d'impôts ou de majorations, ou encore de décharger de leur responsabilité les personnes tenues au paiement d'impositions dues par un tiers.

b) Le recours hiérarchique

Le contribuable peut exercer un recours hiérarchique, auprès du supérieur direct du fonctionnaire auteur de la décision, ou encore auprès d'une instance particulière, le conciliateur ou interlocuteur départemental. Dans ce cas, il doit avoir effectué une première démarche auprès du service concerné.

■ *La transaction*

L'article L247 du Livre des procédures fiscales permet d'accorder par voie de transaction une atténuation d'amendes fiscales ou de majorations d'impôts lorsque ces pénalités et, le cas échéant, les impositions auxquelles elles s'ajoutent ne sont pas définitives. La transaction est un véritable contrat conclu à la demande du contribuable.

■ *La médiation*

Le décret du 26 avril 2002 crée un médiateur du ministère des Finances, lequel peut recevoir des réclamations relatives au fonctionnement des services du ministère dans leurs relations avec les usagers. Toute réclamation doit avoir été précédée d'une démarche auprès du service concerné. Le recours au médiateur n'est pas un recours hiérarchique, mais celui-ci peut émettre des recommandations ou évoquer le litige devant le ministre.

2 Les recours contentieux

Plusieurs types de recours contentieux s'offrent au contribuable, en fonction de sa demande. Une requête visant à réformer son imposition intègre le contentieux de l'assiette. Celle visant à contester les modalités de perception de l'impôt fait partie du contentieux du recouvrement. Le contentieux de l'annulation vise à contester des actes entourant la procédure d'imposition, et le contentieux de la responsabilité vise à faire reconnaître la responsabilité de l'administration fiscale en cas de dommage.

Le contentieux de l'assiette

Le contentieux de l'assiette débute obligatoirement par un recours administratif préalable auprès de l'administration fiscale. Le contribuable est tenu de s'acquitter de son imposition malgré le recours, sauf s'il obtient un sursis de paiement. Le recours juridictionnel peut ensuite être porté devant le juge judiciaire ou le juge administratif, juges de plein contentieux pouvant supprimer ou moduler la dette fiscale.

a) Le recours administratif préalable obligatoire (RAPO)

Le contentieux de l'assiette comprend une première phase obligatoire de réclamation devant le service des impôts (article R*190-1 du Livre des procédures fiscales : « *Le contribuable qui désire contester tout ou partie d'un impôt qui le concerne doit d'abord adresser une réclamation au service territorial, selon le cas, de la direction générale des finances publiques ou de la direction générale des douanes et droits indirects dont dépend le lieu de l'imposition* »).

Le délai pour présenter cette réclamation est assez long : le contribuable peut ainsi agir avant le 31 décembre de la seconde année suivant la mise en recouvrement (impôts directs recouvrés par voie de rôle) ou la notification de l'avis de mise en recouvrement (autres impôts). La forme de la réclamation est très simple ; elle doit simplement mentionner l'impôt contesté, les moyens et les conclusions de la requête, et est accompagnée de l'avis d'imposition ou de l'avis de mise en recouvrement. Notons qu'une modalité de « téléréclamation » a été mise en place en 2012 : les particuliers ont désormais la possibilité, pour tous les principaux impôts à l'exception de l'impôt sur la fortune, de déposer leur réclamation en ligne. La demande est ainsi automatiquement envoyée à l'interlocuteur compétent, et fait l'objet d'un suivi en ligne.

L'administration prend sa décision dans un délai de six mois, éventuellement neuf mois après information du contribuable, si un délai complémentaire est nécessaire. Le silence de l'administration valant rejet, le contribuable peut alors saisir le tribunal compétent.

Toutefois, pendant ce délai, l'imposition est toujours due car le recours n'est pas suspensif. Le contribuable peut alors demander un sursis de paiement.

b) Le sursis de paiement

Dans le délai de la réclamation préalable, le contribuable peut demander à surseoir au paiement de l'impôt et des pénalités. Ce sursis est automatiquement accordé lorsque le montant principal (hors pénalités) est inférieur à 4 500 euros. Au-delà de cette somme, le contribuable doit constituer des garanties de paiement. Lorsque le comptable refuse ces garanties, le contribuable peut contester ce refus devant le juge du référé fiscal du tribunal administratif ou du tribunal de grande instance.

La requête doit être présentée dans les quinze jours de la notification du refus. La demande de sursis a un effet suspensif jusqu'au jugement du tribunal. Celui-ci se prononce dans un délai d'un mois. Une voie d'appel existe ensuite dans les huit jours, tout comme un recours en cassation dans les deux mois devant le Conseil d'État ou la Cour de cassation.

c) La dualité des juges compétents

Lorsque l'administration n'a pas satisfait à la demande du contribuable, celui-ci peut saisir le juge compétent. Le contentieux de l'assiette est caractérisé par une dualité des ***juges compétents*** : il convient de saisir le ***juge administratif*** s'il s'agit de l'impôt sur le revenu, de l'impôt sur les sociétés, de la TVA ou des impôts locaux, mais le contribuable saisira le ***juge judiciaire*** des litiges portant sur l'impôt sur la fortune, les droits d'enregistrement ou la publicité foncière, et les contributions indirectes.

Cette répartition apparemment peu rationnelle résulte d'un principe né de la Révolution (loi des 7 et 11 septembre 1790) sans qu'on en connaisse exactement la raison. Il est néanmoins avancé que la justice judiciaire serait considérée comme plus indépendante pour examiner les litiges relatifs aux impôts indirects, jugés plus injustes ou impopulaires. Toutefois, les lois ultérieures, créant les impôts sur la dépense ou l'impôt sur la fortune, n'ont pas respecté ce principe en attribuant leur contentieux respectivement au juge administratif et au juge judiciaire.

Le recours devant le tribunal administratif ou devant le tribunal de grande instance doit être présenté dans un délai de deux mois à compter de la notification de la décision de l'administration. Aucun délai n'est en revanche imposé lorsque l'administration a gardé le silence. Une requête en appel est ensuite possible dans un délai de deux mois devant la Cour administrative d'appel, mais d'un mois devant la Cour d'appel, puis un recours en cassation dans les deux mois devant le Conseil d'État ou la Cour de cassation.

■ *Le contentieux du recouvrement*

Le contentieux du recouvrement ou l'opposition aux poursuites débute également par un recours administratif obligatoire.

L'article L281 du Livre des procédures fiscales prévoit que ce contentieux peut porter sur deux aspects :

- sur la ***régularité en la forme de l'acte***. Il peut s'agir par exemple d'une question de compétence ou de forme (absence de signature) de l'acte de recouvrement. Dans ce cas, c'est le juge judiciaire (juge de l'exécution) qui est compétent ;

– sur l'***existence de l'obligation de payer***, sur le montant de la dette compte tenu des paiements effectués, sur l'exigibilité de la somme réclamée, ou sur tout autre motif ne remettant pas en cause l'assiette et le calcul de l'impôt. Dans ce cas, le juge judiciaire ou le juge administratif sont compétents, en fonction de l'impôt en cause.

L'opposition aux poursuites doit être formée dans un délai de deux mois à compter de la notification de l'acte dont la régularité en la forme est contestée, ou de tout acte si le motif est l'existence de l'obligation de payer.

■ *Le contentieux de l'excès de pouvoir*

En principe, le contentieux de l'annulation ou de l'excès de pouvoir n'a pas vocation à se développer en matière fiscale car le recours de plein contentieux permet aux contribuables d'obtenir une rectification de leurs impositions. Toutefois, d'autres actes entourant la procédure d'imposition peuvent faire l'objet d'un recours pour excès de pouvoir.

Il peut s'agir :

– des ***instructions fiscales***. Le Conseil d'État admet en effet les recours à l'encontre des circulaires impératives depuis l'arrêt du 18 décembre 2002, *Duvignères* (voir en matière fiscale : *CE, 6 mars 2006, Syndicat national des enseignants et artistes*) ;

– des ***décrets d'application des lois de finances***. Par un arrêt du 10 novembre 2004 tenant compte d'une interprétation de la CJCE en matière d'*exit tax* (*CJCE, 11 mars 2004, De Lasteyrie du Saillant*), le Conseil d'État annule le décret d'application de la loi du 30 décembre 1998 instaurant le mécanisme ;

– des ***actes détachables de la procédure d'imposition*** (par exemple, les décisions de certaines commissions fiscales ou les décisions prises dans le cadre d'un recours gracieux).

Le recours pour excès de pouvoir est admis lorsque le contribuable a intérêt à agir, cette notion étant entendue assez largement par le Conseil d'État. Par exemple, une circulaire exonérant de TVA les psychanalystes titulaires d'un diplôme de médecine ou de psychologie peut être attaquée par des psychanalystes titulaires d'aucun de ces diplômes (*CE, 4 mai 1990, Association freudienne*). En revanche, si la qualité de contribuable local (*CE, 29 mars 1901, Casanova*) permet d'attaquer une décision ayant une incidence sur les finances publiques, ce n'est pas le cas de la qualité de contribuable d'État (*CE, 25 juin 1920, Le Doussal*).

■ *Le contentieux de la responsabilité*

L'irresponsabilité de l'administration fiscale (*CE, 21 février 1913, Compagnie générale parisienne des tramways*) est aujourd'hui révolue : lorsqu'une faute de l'administration fiscale entraîne un préjudice pour le contribuable, celle-ci doit le réparer, selon le principe de la responsabilité. Toutefois, en tant qu'activité régalienne, c'est-à-dire symbolique de la puissance de l'État, l'activité fiscale est d'abord soumise à un régime de responsabilité pour faute lourde, afin de ne pas mettre en cause trop aisément l'administration fiscale (*CE, 21 décembre 1962, Dame Husson-Chiffre*). Le Conseil d'État admet cependant que pour les activités simples, notamment de saisie de données, une faute simple peut être suffisante (*CE, 27 juillet 1990, Bourgeois*).

Pour aller plus loin

Toutefois, dans l'arrêt du 21 mars 2011 (*Krupa*), le Conseil d'État soumet l'administration fiscale à un régime de responsabilité pour faute simple, mettant fin à la jurisprudence *Bourgeois*. Le Conseil d'État juge ainsi que toute faute commise par l'administration lors de l'exécution d'opérations se rattachant aux procédures d'établissement et de recouvrement de l'impôt est de nature à engager la responsabilité de l'État à l'égard du contribuable ou de toute autre personne si elle leur a directement causé un préjudice. Aussi, un tel préjudice ne saurait résulter du seul paiement de l'impôt, mais peut être constitué des conséquences matérielles des décisions prises par l'administration et, le cas échéant, des troubles dans ses conditions d'existence dont le contribuable justifie.

La Haute juridiction précise que le préjudice invoqué ne trouve pas sa cause directe et certaine dans la faute de l'administration si celle-ci établit soit qu'elle aurait pris la même décision d'imposition si elle avait respecté les formalités prescrites ou fait reposer son appréciation sur des éléments qu'elle avait omis de prendre en compte, soit qu'une autre base légale que celle initialement retenue justifie l'imposition. En outre, l'administration peut invoquer le fait du contribuable comme cause d'atténuation ou d'exonération de sa responsabilité.

En l'espèce, en conséquence d'une faute de l'administration fiscale, et afin d'apurer le passif de son entreprise aggravé par sa dette fiscale, le contribuable a subi des troubles dans ses conditions d'existence et une atteinte à sa réputation auprès des organismes bancaires et de son principal client auxquels ont été adressés les avis à tiers détenteurs alors qu'il venait de créer son entreprise personnelle. Il obtient 20 000 euros au titre des dommages et intérêts. Dans une autre affaire (*CE, 12 mars 2014, Favreau*), le requérant obtient 80 000 euros en raison de la disparition de sa société et de l'atteinte grave à sa réputation professionnelle.

L'abandon de la faute lourde a en outre été confirmé s'agissant des demandes d'indemnisation formées par les collectivités locales à raison des fautes commises par l'État dans les opérations d'établissement et de recouvrement des impositions locales (*CE, 16 novembre 2011, Commune de Cherbourg-Octeville*).

Par ailleurs, la responsabilité de l'État peut être encourue du fait d'une loi fiscale (*CE, 8 février 2007, Gardedieu*) ou d'un acte administratif (*CE, 28 février 1992, Société Arizona Tobacco Products* ; *CE, 3 août 2011, Société Dirland*) incompatible avec le droit de l'Union européenne, ou encore du fait de la durée déraisonnable d'un procès en matière fiscale sur le fondement d'une violation de l'article 6 de la Convention européenne des droits de l'homme (*CE, 28 juin 2002, Magiera*).

Les catégories d'impôts

PARTIE 2

L'imposition du revenu des personnes physiques

Chapitre 6

L'impôt sur le revenu des personnes physiques (IRPP) est sans doute le plus connu, mais son rendement est loin d'être le plus important parmi les recettes fiscales de l'État (75 milliards d'euros attendus en 2015 contre 193 milliards d'euros de TVA, sur 378 milliards d'euros de recettes fiscales totales). L'IRPP est cependant complété par des prélèvements destinés à financer le déficit de la Sécurité sociale (contribution sociale généralisée et contribution au remboursement de la dette sociale notamment) qui pèsent lourdement sur les revenus des particuliers.

1 Bref historique de l'impôt sur le revenu

L'impôt sur le revenu dans sa forme moderne est un impôt relativement récent car il a longtemps suscité de vives réactions à l'encontre de sa création (l'imposition des revenus est accusée de décourager le travail ; le principe de la déclaration et du contrôle fiscal faisait craindre une atteinte à la vie privée ; l'idée de solidarité impliquée par la progressivité marquait la fin de l'individualisme de la société).

Jusqu'au XXe siècle, les contributions révolutionnaires (« quatre vieilles contributions », voir l'introduction) frappent le revenu de manière indiciaire (des indices permettent d'évaluer la richesse, comme la superficie d'un logement ou le nombre de ses portes et fenêtres).

Un mécanisme créé en 1872 permet ensuite d'imposer les revenus de valeurs mobilières, mais les salaires ne sont toujours pas imposés. C'est le projet du ministre des Finances Joseph Caillaux qui est finalement voté par la Chambre des députés en 1909, mais bloqué par le Sénat pendant cinq ans. La première Guerre mondiale accélère la création d'un impôt global sur le revenu : la loi du 15 juillet 1914 crée un impôt général frappant l'ensemble des revenus, mais la loi du

31 juillet 1917 crée parallèlement les impôts cédulaires distinguant chaque catégorie de revenus. Le système de l'***impôt cédulaire*** permet de soumettre à chaque catégorie de revenus (cédule) une imposition propre dont l'assiette et le taux sont plus adaptés à la nature du revenu (foncier, salarié, mobilier, etc.), étant entendu que certains revenus (notamment ceux du travail) sont plus « nobles » que les autres, donc doivent être moins imposés. Le système est toutefois assez peu contraignant : la déclaration est facultative et le taux maximum est de 2 %.

Alors qu'un décret du 9 décembre 1948 affirme l'unicité de l'impôt sur le revenu en supprimant les impôts cédulaires, c'est une loi du 28 décembre 1959 qui remplace le système existant par celui de l'***impôt unique, progressif par tranches***. Cette unicité doit cependant être nuancée, car les catégories de revenus existent toujours, justifiant des règles d'imposition distinctes, et car les impôts sociaux frappent également le revenu, parfois même davantage que l'IRPP.

2 Champ d'application de l'impôt

Le champ d'application de l'impôt combine des éléments personnels et territoriaux.

Champ d'application personnel

Un contribuable est imposable à l'impôt sur le revenu, tant en raison de ses revenus personnels que de ceux de ses enfants et des personnes considérées comme étant à sa charge. Ce noyau familial permettant le calcul de l'imposition prend le nom de ***foyer fiscal***. Le foyer fiscal peut être composé d'une seule personne célibataire sans enfants. Les personnes vivant en concubinage sont imposables séparément. En cas de mariage ou de PACS, le foyer fiscal comprend les membres du couple. L'année du mariage ou du PACS, les époux ou partenaires sont soumis à une imposition commune, ou optent pour une imposition séparée, tandis que l'année où survient le divorce, les époux sont imposés de manière distincte. Le foyer comprend ensuite éventuellement :

- les ***enfants mineurs*** ;
- les ***enfants infirmes*** quel que soit leur âge ;
- les ***enfants majeurs jusqu'à 21 ans*** qui souhaitent rester rattachés au foyer fiscal parental ;
- les ***enfants majeurs jusqu'à 25 ans s'ils sont étudiants*** et souhaitent être rattachés au foyer familial ;
- les ***enfants recueillis par le contribuable dans son foyer*** (quel que soit leur lien de parenté) sous les mêmes conditions. L'article 196 du Code général des impôts admet ainsi que le contribuable accueille des enfants, à la condition que les enfants vivent effectivement dans ce foyer (*CE, 24 août 2011, M. Zaman* : les neveux du contribuable, dont il est pourtant le tuteur, ne peuvent être intégrés au foyer s'ils ne vivent pas sous le même toit).

Les ***enfants mariés***, liés par un PACS ou chargés de famille, sont théoriquement considérés comme ayant fondé leur propre foyer, mais ils peuvent être rattachés au foyer de leurs parents s'ils ont moins de 21 ans ou moins de 25 ans et poursuivent des études.

Mais les enfants ne sont pas les seules personnes pouvant être à la charge du foyer. Toute personne titulaire d'une carte d'invalidité peut être comptée au sein du foyer fiscal, quel que soit son âge, le lien de parenté avec le foyer, ou le montant de ses revenus.

Enfin par exception, des époux ou partenaires de PACS peuvent être imposés séparément s'ils disposent chacun de revenus et s'ils sont séparés de biens et ne vivent pas sous le même toit, lorsqu'ils sont en instance de séparation de corps ou de divorce (s'agissant des époux) et qu'ils ont été autorisés à avoir des résidences séparées, et en cas d'abandon du domicile par l'un des époux ou partenaires.

L'article 5 du Code général des impôts définit les exclusions du champ d'application personnel de l'impôt sur le revenu. En premier lieu, l'impôt sur le revenu n'est pas dû par les contribuables dont le revenu net de frais professionnels, n'excède pas, par foyer fiscal, 8 610 euros, ou 9 410 euros s'ils sont âgés de plus de soixante-cinq ans.

En second lieu, les ambassadeurs et agents diplomatiques, les consuls et agents consulaires de nationalité étrangère sont également affranchis de l'impôt sur le revenu, mais seulement dans la mesure où les pays qu'ils représentent concèdent des avantages analogues aux agents diplomatiques et consulaires français.

■ *Champ d'application territorial*

Selon l'article 4A du Code général des impôts, et en l'absence de convention fiscale contraire, les personnes qui ont en France leur ***domicile fiscal*** sont passibles de l'impôt sur le revenu à raison de l'ensemble de leurs revenus, de source française ou étrangère. Il s'agit d'une ***obligation fiscale illimitée***. Ces règles s'appliquent indépendamment de la nationalité des contribuables, qui n'a pas d'incidence en la matière.

Il convient donc d'identifier le domicile fiscal des contribuables. L'article 4B du Code général des impôts définit ce domicile fiscal au regard de trois critères, personnel, professionnel et économique : « *Sont considérées comme ayant leur domicile fiscal en France au sens de l'article 4A :*

a. Les personnes qui ont en France leur foyer ou le lieu de leur séjour principal (c'est-à-dire au moins 183 jours par an) ;

b. Celles qui exercent en France une activité professionnelle, salariée ou non, à moins qu'elles ne justifient que cette activité y est exercée à titre accessoire ;

c. Celles qui ont en France le centre de leurs intérêts économiques ».

C'est donc de façon assez large qu'est défini le domicile fiscal et donc le champ d'application territorial de l'impôt sur le revenu.

À l'inverse, les personnes qui n'ont pas leur domicile fiscal en France, mais qui perçoivent des revenus de source française, sont soumises à une ***obligation fiscale limitée*** aux revenus de source française (activité professionnelle exercée en France, revenus d'immeubles situés en France, revenus de capitaux placés en France, etc.). L'impôt est normalement perçu dans les conditions de droit commun, mais un système de prélèvement à la source peut également être prévu dans certains cas par les conventions fiscales applicables.

3 Détermination du revenu imposable

Le Code général des impôts ne définit pas la notion de revenu, et identifie seulement des catégories de revenus. Le revenu imposable peut être simplement constitué des salaires du contribuable, mais lorsque celui-ci exerce plusieurs activités procurant des revenus, le revenu imposable est constitué de l'addition de l'ensemble de ces revenus, qui sont de plusieurs types.

■ *Détermination des revenus catégoriels*

Les cédules nées lors de la première Guerre mondiale n'ont pas tout à fait disparu, même si l'impôt est aujourd'hui unifié. En effet, chaque catégorie de revenus est soumise à des règles autonomes d'identification et de calcul.

L'article 1A du Code général des impôts définit ces revenus catégoriels, en indiquant que le revenu net global est constitué par le total des revenus nets des catégories exposées ci-après. En cas de déficit constaté dans une catégorie de revenus, celui-ci est imputé sur le revenu global de la même année.

a) Les revenus

1) Revenus fonciers

Les revenus fonciers sont les produits de la location de biens immobiliers non meublés (dans le cas inverse ils sont imposés au titre des bénéfices industriels et commerciaux).

Le revenu brut est constitué de la somme des loyers perçus au cours de l'année, dont le propriétaire peut retrancher diverses charges issues de la détention du bien. Il s'agit notamment des dépenses d'entretien et de réparation, des impôts s'y rapportant (comme la taxe foncière sur les propriétés bâties ou non bâties), des frais liés à l'emprunt finançant le bien (intérêts d'emprunt notamment) ou des provisions pour charges de copropriété.

Lorsque le revenu brut foncier annuel ne dépasse pas 15 000 euros, le régime micro-foncier permet de déduire ces charges de manière forfaitaire (30 %), à moins que le propriétaire n'opte pour le régime réel lorsque les charges excèdent 30 % du revenu brut. Cette option est irrévocable pendant trois ans, et renouvelée tous les ans par tacite reconduction.

En cas de déficit des revenus fonciers, et par exception, la part du déficit supérieure à 10 700 euros est imputable seulement sur les revenus fonciers des années ultérieures.

Enfin, et en complément, les propriétaires doivent s'acquitter d'une nouvelle taxe à compter du 1er janvier 2012. La taxe sur les loyers élevés des micro-logements vise à éviter les abus dans le montant des loyers de très petites surfaces (moins de 14 m²) dans les grandes villes. La taxe est assise sur le montant des loyers annuels bruts perçus. Le taux de la taxe est progressif en fonction de l'importance du dépassement du loyer (dont le prix est fixé par décret et compris entre 30 et 45 euros le m²).

Dépassement du loyer mensuel par rapport au loyer de référence	Taux de la taxe
Inférieur à 15 %	10 %
Supérieur ou égal à 15 % et inférieur à 30 %	18 %
Supérieur ou égal à 30 % et inférieur à 55 %	25 %
Supérieur ou égal à 55 % et inférieur à 90 %	33 %
Supérieur ou égal à 90 %	40 %

2) Traitements, salaires, pensions et rentes viagères

Cette catégorie inclut les revenus des salariés, lesquels se trouvent dans un état de subordination et d'étroite dépendance vis-à-vis de leur employeur. Mais cette catégorie inclut également les revenus assimilés au salaire, tels les traitements des fonctionnaires, les pensions (lesquelles sont des revenus de remplacement, telles les pensions de retraite, d'invalidité...) et les rentes viagères à titre gratuit (rentes perçues par les victimes d'accidents du travail, dommages et intérêts perçus par les victimes d'une incapacité permanente totale) ou onéreux (rente viagère constituée en contrepartie de la vente d'un logement ou constituée auprès de compagnies d'assurances).

Sont imposables au titre des salaires non seulement les sommes perçues sur la fiche de paie, mais aussi les pourboires, les primes, le 13e mois, tous les avantages en nature (appartement, voiture de fonction, repas, réductions en tous genres, tous évalués sur la base de leur valeur réelle).

Sont également imposables les salaires d'une école de la fonction publique (par exemple, l'ENA), les bourses ou allocations (sauf celles attribuées sur des critères sociaux), les indemnités de congé maladie ou de congé maternité, les indemnités chômage, les indemnités d'accident du travail (pour la moitié de leur valeur) ou les indemnités de départ volontaire ou de licenciement (partiellement).

En revanche, les indemnités de stage sont exonérées si le stage ne dure pas plus de trois mois, et s'il est obligatoire dans le cadre d'une formation. Les salaires des apprentis sont également exonérés pour la fraction du salaire n'excédant pas le montant annuel du SMIC.

De même, les salaires perçus par les étudiants de moins de 25 ans à l'occasion de « petits boulots » sont exonérés dans la limite de trois fois le SMIC mensuel brut. Enfin, la loi du 21 août 2007 avait décidé l'exonération des heures supplémentaires (au temps plein) ou complémentaires (au temps partiel), mais la loi de finances rectificative du 16 août 2012 met fin à cette niche fiscale pour les heures effectuées à partir du 1er août 2012.

De la somme de ces revenus assimilés aux salaires sont déduites les charges liées à l'acquisition de ces revenus, à savoir les ***frais professionnels***. Ces frais peuvent être déduits de façon forfaitaire (déduction de 10 %), ou de manière réelle (frais réels) sur option choisie par le contribuable s'il estime que ses frais sont supérieurs à 10 % de ses revenus.

Ces frais peuvent être des frais de déplacement, de double résidence, de tenues spécifiques à une profession, d'achat de matériel informatique ou d'ouvrages, ou des frais de formation par exemple.

Dans le cas de l'option des frais réels, ces frais doivent être justifiés, et la déduction n'est admise que dans certaines limites fixées par la loi. Par exemple, les frais de transport ne sont admis que si la distance entre le domicile et le lieu de travail du contribuable n'excède pas 40 km. Si cette distance est supérieure à 40 km, le contribuable doit justifier cet éloignement par des contraintes familiales ou sociales.

Notons que curieusement, le forfait de 10 % pour frais professionnels est également déductible des pensions de retraite, au titre d'un avantage fiscal pour les retraités. La Cour des comptes a dénoncé cette perte de près de 3 milliards d'euros par an dans son rapport de septembre 2012 sur l'application des lois de financement de la Sécurité sociale. Dans tous les cas pour finir, l'avantage procuré par cet abattement ne peut excéder un plafond fixé par la loi, ce plafond ayant été abaissé de 14 157 € à 12 000 € par la loi de finances pour 2013 du 29 décembre 2012.

3) Revenus de capitaux mobiliers

Les revenus de capitaux mobiliers proviennent du placement d'une somme d'argent.

Au sein des revenus mobiliers, il existe deux types de produits :

- les ***produits des actions*** répartis sous forme de dividendes. Ces produits sont soumis au barème progressif de l'impôt sur le revenu depuis la loi de finances pour 2013 ;
- les ***produits des placements à revenu fixe*** également soumis à l'impôt sur le revenu selon le barème progressif.

Sont toutefois exonérés les revenus de certains placements énumérés par la loi, tels le Livret A, le Livret d'épargne populaire, le Livret jeune ou le Livret de développement durable.

4) Rémunérations de dirigeants de certaines sociétés

Sont soumis à des règles spécifiques les revenus des dirigeants suivants : les gérants majoritaires des sociétés à responsabilité limitée n'ayant pas opté pour le régime fiscal des sociétés de personnes et les gérants des sociétés en commandite par actions, les associés en nom des sociétés de personnes et les membres des sociétés en participation lorsque ces sociétés ont opté pour le régime fiscal des sociétés de capitaux.

Enfin, notons que certains revenus sont exonérés d'IRPP, notamment les gains de jeux (Loto, PMU, casino).

b) Les bénéfices

1) Bénéfices industriels et commerciaux (BIC)

En vertu de l'article 34 du Code général des impôts, sont considérés comme bénéfices industriels et commerciaux, les bénéfices réalisés par des personnes physiques (soit individuellement, soit en société soumise à l'IRPP), et provenant de l'exercice d'une profession commerciale, industrielle ou artisanale. Ces bénéfices sont calculés d'après les mêmes règles qu'en matière d'impôt sur les sociétés (voir le Chapitre 7). Il existe par ailleurs plusieurs régimes de déclaration de ces bénéfices :

- les contribuables sont imposés d'après leur ***bénéfice réel***, lorsque leur chiffre d'affaires excède 783 000 euros pour les activités de vente et de fourniture de logement et 236 000 euros pour les autres entreprises (essentiellement les prestataires de services) ;
- le régime du ***bénéfice réel simplifié*** s'applique aux entreprises dont le chiffre d'affaires annuel est inférieur à 783 000 euros pour les activités de vente et de fourniture de logement et à 236 000 euros pour les autres entreprises. Ce régime admet des formalités de comptabilité simplifiées.

  Les contribuables soumis à ces deux régimes sont frappés par une majoration de 25 % de leur bénéfice s'ils n'adhèrent pas à un centre de gestion ou une association agréée, lesquels sont des organismes disposant d'une autorisation et assistant les contribuables dans leurs obligations comptables et déclaratives. Il s'agit donc d'une incitation fiscale afin de garantir la régularité de la gestion des contribuables ;

- enfin, le régime des ***micro-entreprises*** concerne celles dont le chiffre d'affaires annuel n'excède pas 82 200 euros pour les entreprises de vente et de fourniture de logement, et 32 900 euros pour les autres entreprises. Dans ce cas, le bénéfice fait l'objet d'un abattement forfaitaire tenant compte de toutes les charges, fixé à 71 % pour la première catégorie d'entreprises, et à 50 % pour les autres.

2) Bénéfices de l'exploitation agricole (BA)

En vertu de l'article 63 du Code général des impôts, sont considérés comme bénéfices de l'exploitation agricole pour l'application de l'impôt sur le revenu, les revenus que l'exploitation de biens ruraux procure soit aux fermiers, métayers, soit aux propriétaires exploitant eux-mêmes. Il s'agit aussi bien des revenus tirés de la culture que de l'élevage de tous animaux (bétail, abeilles, huîtres, etc.). La loi y inclut également la production forestière ou la production d'énergie à partir de produits issus de l'exploitation agricole par exemple.

En revanche, les agriculteurs se livrent non pas à des activités agricoles, mais commerciales, lorsqu'ils vendent des produits qui ne sont pas issus de leur exploitation, ou lorsqu'ils transforment des produits agricoles.

Trois régimes d'imposition existent en matière de bénéfices agricoles :

- le ***régime du forfait*** s'applique de plein droit aux exploitants dont la moyenne des recettes des deux années précédentes n'excède pas 76 300 euros. Le forfait est fixé par la commission départementale des impôts en fonction des bénéfices agricoles moyens dans chaque département. Ainsi, pour chaque catégorie d'exploitation, un bénéfice moyen à l'hectare est déterminé, permettant ensuite de connaître le revenu cadastral moyen de chaque agriculteur. Cette valeur est affichée à la mairie, et peut être contestée devant la commission ;
- le ***régime réel simplifié*** s'applique lorsque la moyenne des recettes des deux années précédentes est comprise entre 76 300 euros et 350 000 euros. Il implique la tenue d'une comptabilité simplifiée, mais le bénéfice imposable est déterminé en tenant compte des charges réelles de l'agriculteur. De l'actif professionnel (immeubles bâtis et non bâtis, stock, recettes commerciales) sont ainsi déduits les frais et charges diminuant l'actif net ;
- le ***régime réel normal*** s'applique au-delà de 350 000 euros de recettes moyennes, et implique également la détermination des résultats en tenant compte des charges réelles de l'agriculteur.

3) Bénéfices des professions non commerciales et revenus assimilés (BNC)

Les bénéfices des professions non commerciales, ou bénéfices non commerciaux (BNC) sont d'abord les revenus des professions libérales non industrielles ou commerciales, comme par exemple les avocats, les médecins ou les architectes. Cette catégorie vise également les revenus de propriétaires de charges tels les avocats aux Conseils, les commissaires-priseurs, les notaires et les huissiers. Mais les BNC sont également une catégorie de revenus par défaut, ou catégorie-balai, puisque si un revenu n'entre pas dans les autres catégories identifiées par le Code, alors il est imposable au titre des BNC.

L'article 92 du Code général des impôts indique ainsi que « *sont considérés comme provenant de l'exercice d'une profession non commerciale ou comme revenus assimilés aux bénéfices non commerciaux, les bénéfices des professions libérales, des charges et offices dont les titulaires n'ont pas la qualité de commerçants et de toutes occupations, exploitations lucratives et sources de profits ne se rattachant pas à une autre catégorie de bénéfices ou de revenus* ».

L'article 92 cite par exemple les droits d'auteur (sauf s'ils sont intégralement déclarés par les tiers, dans ce cas ils entrent dans la catégorie des salaires), les revenus des opérations de bourse, les revenus tirés de la propriété industrielle, les revenus des juges et arbitres sportifs. La jurisprudence a également admis la qualification de BNC pour les revenus des prêtres, des prostituées, des cartomanciennes, etc.

Il existe deux régimes de déclaration des bénéfices :

- le ***régime « micro »*** s'applique lorsque les BNC n'excèdent pas 32 900 euros par an. Dans ce cas, un abattement forfaitaire de 34 % est opéré, tenant compte des charges ;
- le ***régime de la déclaration contrôlée*** s'applique en revanche lorsque le bénéfice excède 32 900 euros par an. Dans cette hypothèse, les contribuables déclarent le montant de leur bénéfice réel, identifié à partir de leur comptabilité. Le résultat est déterminé à partir de l'actif professionnel (biens affectés à l'exercice de la profession, ou utilisés pour cet exercice), dont sont déduites les charges nécessitées par l'exercice de la profession. Il s'agit notamment :
  - des frais d'établissement,
  - des impôts et taxes (contribution économique territoriale, taxes foncières notamment),
  - des loyers et travaux,
  - des fournitures,
  - des frais de personnel,
  - des frais de transport,
  - des charges financières (par exemple, les intérêts d'emprunt pour acquérir un élément d'actif).

c) Les plus-values

La plus-value ici visée est un gain en capital issu de la cession d'un bien réalisée par un particulier en dehors de son activité professionnelle.

Plusieurs types de plus-values sont frappés par des régimes d'imposition distincts :

- les ***plus-values immobilières*** résultent de la cession d'un bien immobilier. Elles sont soumises à l'impôt sur le revenu au taux de 19 %, auquel s'ajoutent les prélèvements sociaux (le tout s'élevant à 34,5 % au 1er juillet 2012). L'impôt est payé lors de la vente, par l'intermédiaire du notaire. Échappe toutefois à l'imposition la plus-value liée à la cession de la résidence principale. En revanche, les plus-values immobilières supérieures à 50 000 euros sont frappées par une taxe supplémentaire créée par la loi de finances rectificative du 29 décembre 2012 ;
- les ***plus-values sur les biens meubles*** sont soumises au même régime, à l'exception des ventes de bijoux et métaux précieux, soumises à une taxe spécifique ;
- les ***plus-values sur valeurs mobilières*** étaient enfin soumises au même régime d'imposition à 34,5 %, mais afin de rapprocher la fiscalité des revenus du capital de celle des revenus du travail, la loi de finances pour 2013 impose au barème progressif de l'IRPP les gains de cession de valeurs mobilières des particuliers.

■ *Caractéristiques du revenu imposable*

Le revenu imposable présente les caractéristiques suivantes ; il est :

- un ***revenu global*** : il s'agit de la somme de tous les revenus (salaires, revenus fonciers, etc.) de tous les membres du foyer fiscal ;
- un ***revenu net*** : du revenu global, peuvent être déduites certaines charges. Celles-ci sont notamment nécessaires à l'acquisition du revenu, mais il peut également s'agir de charges obligatoires (dépenses incontournables), telles les pensions alimentaires (voir *infra*) ;
- un ***revenu annuel*** : l'article 12 du CGI indique que « *l'impôt est dû chaque année à raison des bénéfices ou revenus que le contribuable réalise ou dont il dispose au cours de la même année* ». L'année d'imposition est l'année civile (1er janvier au 31 décembre), des dérogations étant acceptées pour les bénéfices industriels et commerciaux si le contribuable a opté pour un exercice commençant à une autre date ;
- un ***revenu disponible*** : le revenu disponible peut être perçu par le contribuable. Par exemple, le montant d'un chèque non encaissé est disponible pour le contribuable.

4 Liquidation et recouvrement de l'impôt sur le revenu

L'impôt sur le revenu est un impôt progressif par tranches, acquitté en principe en trois tiers provisionnels.

Les règles de la liquidation

Voir annexe en fin d'ouvrage (p. 159).

a) Le revenu global net

L'addition de tous les revenus catégoriels permet d'obtenir le revenu global brut. Afin d'obtenir le revenu global net du foyer fiscal, il convient de déduire des charges, dont la liste est limitativement énumérée par la loi (art. 156, CGI).

Il s'agit surtout :

– des ***pensions alimentaires*** versées en cas de divorce, ou résultant de l'obligation alimentaire visée aux articles 205 à 211 du Code civil. Cette obligation n'existe qu'entre ascendants et descendants : une pension peut donc seulement être versée aux parents ou enfants d'un membre du foyer fiscal, et non à ses frères ou sœurs (*CE, 28 mars 2012, M. et Mme Cerovic*). La déduction de ces pensions est en outre plafonnée à 3 386 euros par ascendant et à 5 726 euros par enfant ;

– des ***frais d'accueil*** des personnes âgées de plus de 75 ans, dans la limite de 3 403 euros.

Une fois ces charges retranchées, on obtient le revenu global net.

b) Le revenu net pour une part

Une fois obtenu le revenu global net du foyer fiscal, il convient de le diviser par le nombre de parts du ***quotient familial***. Ce quotient est obtenu en ajoutant le nombre de parts représentant chaque membre du foyer fiscal. Voici quelques exemples courants :

Le couple marié ou pacsé	Chacun une part, donc deux parts
Le premier enfant	Une demi-part
Le second enfant	Une demi-part
Le troisième enfant et les suivants	Chacun une part
Célibataire, divorcé ou veuf sans personne à charge	Une part
Parent isolé avec un enfant	Deux parts
Parent isolé avec deux enfants	Deux parts et demie
Chaque enfant d'un parent isolé au-delà du troisième	Une part

Célibataire, divorcé ou veuf invalide ayant une ou plusieurs personnes à charge	Une demi-part supplémentaire

La division du revenu global net par le nombre de parts permet d'obtenir le revenu net pour une part. Ce système permet de manière générale de réduire le montant d'impôt pour tenir compte des charges de familles. Toutefois, un plafonnement des avantages fiscaux du quotient familial est prévu, ce montant étant porté par la loi de finances pour 2014 de 2 000 euros à 1 500 euros pour chaque demi-part accordée pour charges de famille.

c) L'impôt net pour une part

Le revenu net pour une part est soumis à une imposition progressive par tranches. Cela signifie que le revenu est découpé en tranches, chacune d'entre elles étant ensuite soumise à un taux d'imposition. Ces tranches sont en principe actualisées chaque année, même s'il arrive que le barème soit gelé, c'est-à-dire qu'il ne tienne pas compte de l'inflation, comme c'est le cas pour les impôts 2012 et 2013.

Le nombre de tranches était de 7 jusqu'en 2006 puis de 5 jusqu'en 2013. La loi de finances pour 2013 crée une sixième tranche d'imposition pour les revenus supérieurs à 150 000 euros, laquelle concerne environ 50 000 contribuables. La loi de finances du 29 décembre 2014 pour 2015 supprime toutefois une tranche d'imposition, revenant ainsi à un barème à cinq tranches.

Fraction de la part nette taxable	Taux
Inférieure à 9 690 €	0 %
Comprise entre 9 691 € et 26 764 €	14 %
Comprise entre 26 765 € et 71 754 €	30 %
Comprise entre71 755 € et 151 956 €	41 %
Supérieure à 151 956 €	45 %

Le taux marginal d'imposition (taux de la dernière tranche d'imposition) est donc aujourd'hui de 45 %, et ne doit pas être confondu avec le taux moyen d'imposition, qui est la part réelle d'impôts acquittés par rapport aux revenus. Ce taux marginal n'est pas le plus élevé en Europe, car il est également de 45 % au Royaume-Uni ou de 47 % en Allemagne.

Toutefois, diverses impositions supplémentaires ont été créées récemment en réponse aux effets de la crise économique.

Une ***contribution exceptionnelle sur les hauts revenus*** a ainsi été instaurée par la loi du 28 décembre 2011 (art. 223 *sexies*, CGI), s'ajoutant à l'impôt sur le revenu. Cette mesure concernerait 27 000 contribuables et représenterait près de 410 millions d'euros de recettes fiscales.

Y sont soumis les contribuables dont le revenu excède 250 000 euros pour les célibataires, veufs, séparés ou divorcés, et 500 000 euros pour les contribuables mariés ou Pacsés. Seule est prise en compte la situation matrimoniale des contribuables : l'impôt est « conjugalisé » mais le quotient familial ne s'applique pas.

Cet impôt est soumis aux barèmes suivants :

Pour les contribuables célibataires, veufs, séparés ou divorcés

Fraction du revenu	Taux
Inférieure ou égale à 250 000 €	0 %
Supérieure à 250 000 € et inférieure ou égale à 500 000 €	3 %
Supérieure à 500 000 €	4 %

Pour les contribuables mariés ou Pacsés

Fraction du revenu	Taux
Inférieure ou égale à 500 000 €	0 %
Supérieure à 500 000 € et inférieure ou égale à 1 000 000 €	3 %
Supérieure à 1 000 000 €	4 %

Enfin, la loi de finances pour 2013 avait créé une ***contribution exceptionnelle de solidarité sur les très hauts revenus d'activité***. Cette contribution portait sur la fraction des revenus d'activité professionnelle (traitements et salaires, BNC, BIC, BA, rémunérations de certains dirigeants de sociétés) supérieure à 1 million d'euros, et son taux était fixé à 18 %. En conséquence, une ***taxation globale était prévue à 75 %*** pour la tranche de revenus supérieure à 1 million d'euros car :

- le taux marginal d'impôt sur le revenu est fixé à 45 % ;
- les prélèvements sociaux atteignent 8 % (contribution sociale généralisée à 7,5 % et contribution au remboursement de la dette sociale à 0,5 %) ;

- la contribution exceptionnelle sur les hauts revenus est fixée à 4 % ;
- s'y ajoutait la contribution exceptionnelle de solidarité sur les très hauts revenus d'activité à 18 %.

Son rendement attendu en 2013 était de 210 millions d'euros, acquittés par 1 500 personnes environ. Toutefois, dans sa décision sur la loi de finances pour 2013 *(décision n° 2012-662 DC du 29 décembre 2012)*, le Conseil constitutionnel a censuré ce dispositif au motif que le foyer fiscal n'était pas pris en compte pour le calcul de cette contribution, alors qu'il est pris en compte pour le calcul de l'impôt sur le revenu et de la contribution exceptionnelle sur les hauts revenus. Pour cette raison, deux foyers fiscaux bénéficiant du même niveau de revenus auraient pu être imposés ou exonérés selon la répartition des revenus entre les membres du foyer fiscal. En cela, le dispositif est contraire au principe d'égalité.

d) L'impôt brut total

Une fois obtenu l'impôt net pour une part, il convient de le multiplier par le nombre de parts. On obtient l'impôt brut total.

e) L'impôt net total

L'impôt net total, c'est-à-dire celui dont le montant va être finalement versé à l'administration fiscale, est obtenu grâce à une ultime opération de déduction d'éventuels avantages fiscaux.

Il peut s'agir de réductions d'impôts, de crédits d'impôts, d'une décote.

1) Réductions d'impôts

Ces réductions viennent diminuer l'impôt, voire même éventuellement le supprimer. Citons les principales réductions d'impôts :

- pour dons à des œuvres d'intérêt général, des établissements d'enseignement supérieur, des fondations d'entreprise ou des partis politiques (réduction égale à 66 % ou 75 % des sommes versées selon les causes, dans la limite de 20 % du revenu imposable) ;
- pour l'emploi d'un salarié à domicile ;
- pour les frais de scolarisation (61 euros par enfant au collège, 153 euros pour un enfant au lycée, 183 euros pour un étudiant) ;
- pour les investissements en Outre-mer ;
- pour la souscription au capital d'une petite ou moyenne entreprise, d'une petite entreprise en phase d'amorçage, de démarrage ou d'expansion ou d'une société innovante non cotée ;

– pour investissement « Scellier » (les particuliers acquérant jusqu'au 31 décembre 2012 des logements neufs destinés à la location peuvent bénéficier d'une réduction d'impôt sur neuf ans) ou « Duflot » (une réduction d'impôt sur le revenu de 18 % bénéficie aux contribuables qui acquièrent ou font construire un logement neuf du 1er janvier 2013 au 31 décembre 2016, et s'ils s'engagent à le donner en location pendant une durée minimum de neuf ans) ;
– pour la restauration d'un immeuble situé dans un secteur sauvegardé, un quartier ancien dégradé, une zone de protection du patrimoine ou une aire de mise en valeur du patrimoine (réduction d'impôt Malraux créée par la loi de finances pour 2009 en remplacement d'un régime de déduction des charges).

2) Crédits d'impôts

Il s'agit d'avoirs fiscaux, c'est-à-dire que si le montant du crédit excède celui de l'impôt, l'administration va verser la différence au contribuable. Les principaux crédits d'impôt sont :

– le crédit d'impôt à raison des ***intérêts d'emprunt*** pour financer des études ;
– le crédit d'impôt pour ***équipement des logements*** afin de favoriser leur qualité environnementale (***crédit d'impôt pour la transition énergétique*** : pose de matériaux d'isolation thermique, dépenses d'équipements de production d'énergie utilisant une source d'énergie renouvelable, etc.) et afin de faciliter l'accès de personnes âgées ou handicapées ;
– le crédit d'impôt pour frais de garde des jeunes enfants en dehors du domicile.

3) Décote

Elle permet d'adoucir le passage de l'exonération à l'imposition pour les contribuables les plus modestes, dont l'impôt n'excède pas 1 135 euros pour un célibataire, et 1 870 euros pour un couple. Ainsi, la décote est égale à la différence entre 1 870 ou 1 135 et le montant de l'impôt. On obtient la somme d'impôt à acquitter en déduisant la décote de l'impôt normalement dû.

Notons qu'il existe un plafonnement global de certains avantages fiscaux, c'est-à-dire que le total de ces niches accordées au foyer fiscal ne peut procurer une réduction du montant de l'impôt sur le revenu supérieure à une certaine somme. La loi du 28 décembre 2011 fixe ce plafond à 18 000 euros majorés de 4 % du montant du revenu imposable, mais la loi de finances pour 2013 diminue la part forfaitaire de 18 000 euros à 10 000 euros et supprime la part proportionnelle de 4 %, afin de réduire les effets des niches fiscales.

■ *Le paiement de l'impôt*

La déclaration de revenus est souscrite chaque année sur les imprimés fournis par l'administration assortis d'une signature, ou en ligne. L'impôt sur le revenu fait l'objet d'un rôle établi par l'administration fiscale. Au moment de la mise en recouvrement du rôle, le contribuable reçoit un avis d'imposition qui précise le montant et l'échéance de l'impôt. Par principe, l'impôt est versé en deux acomptes, au besoin complétés par un dernier versement. Ces trois versements sont donc dénommés tiers provisionnels, en 2015 aux dates suivantes : 16 février, 15 mai, 15 septembre.

En effet, ces acomptes sont calculés par rapport à l'impôt dû l'année précédente, puisqu'on ne connaît pas encore le montant des revenus pour l'année (les revenus de l'année 2014 sont déclarés vers le mois de mai ou juin 2015, mais un premier tiers de l'IRPP sur les revenus de 2014 est acquitté au mois de février et un deuxième tiers au mois de mai 2015). Les deux premiers tiers représentent les deux tiers de l'impôt de l'année précédente, et le dernier tiers permet d'ajuster le montant de l'impôt, à la hausse ou à la baisse.

Si le contribuable choisit cette option, un paiement mensuel est possible (mensualisation), pendant dix mois de janvier à octobre, avec une régularisation en fin d'année.

Enfin, les contribuables dont la cotisation d'impôt sur le revenu est inférieure à 61 euros sont dispensés de payer car les montants d'impôts trop faibles ne sont pas mis en recouvrement (art. 1657 1 *bis*, CGI).

5 Les autres impositions du revenu

Le revenu est certes imposé à la suite des déclarations annuelles du contribuable, mais une imposition plus indolore est également effectuée à la source. La contribution sociale généralisée (CSG) et la contribution au remboursement de la dette sociale (CRDS) sont deux impôts « sociaux » destinés à financer le déficit et la dette de la Sécurité sociale.

La CSG

La contribution sociale généralisée a été créée par la loi de finances pour 1991 (loi du 29 décembre 1990), dans le but de trouver une ressource supplémentaire pour combler le déficit de la Sécurité sociale. Malgré cela, il s'agit bien d'une imposition de toute nature pour le Conseil constitutionnel, et non d'une cotisation sociale, car il n'y a pas de contrepartie directe (notamment une prestation sociale) à la CSG (*décision n° 90-285 DC, Loi de finances pour 1991*).

La CJCE en revanche estime que les « impôts sociaux » ont un lien direct avec le régime général de la Sécurité sociale, ce qui en fait des prélèvements sociaux soumis aux règles d'interdiction de la double cotisation des personnes résidant en France mais travaillant dans un autre État membre (*CJCE, 15 février 2000*).

Jusqu'alors, ce sont les cotisations professionnelles qui financent le budget social, mais la CSG est un impôt pesant sur une majorité de revenus (revenus d'activité et de remplacement, revenus du patrimoine et des placements, produit des jeux). Son taux est variable selon ces catégories de revenus :

- pour les revenus d'activité : 7,5 % ;
- pour pensions de retraite et d'invalidité : 6,6 % (la Cour des comptes a dénoncé cette perte de 1,2 milliards d'euros par an engendrée par un taux plus faible dans son rapport de septembre 2012 sur l'application des lois de financement de la Sécurité sociale) ;
- pour les allocations chômage : 6,2 % ;
- pour les produits du patrimoine et des placements : 8,2 % ;
- pour les produits des jeux (loto, PMU, casino) : 9,5 %.

Sont exonérés de la CSG certains placements d'épargne (Livret A, Livret jeune, Livret de développement durable, Livret d'épargne populaire), le revenu de solidarité active ou encore les allocations familiales.

Enfin, la CSG est prélevée à la source, c'est-à-dire directement avant la perception des revenus par le contribuable.

La CRDS

La contribution au remboursement de la dette sociale a été créée par l'ordonnance du 24 janvier 1996, dans le même objectif que la CSG, c'est-à-dire la réduction du déficit et de la dette de la Sécurité sociale. Sa création était temporaire à l'origine, jusqu'en 2009, puis 2014. Néanmoins, elle est aujourd'hui maintenue jusqu'à l'extinction de la dette.

L'assiette de la CRDS est presque identique à celle de la CSG, incluant en outre le produit de la vente de métaux précieux, bijoux, objets d'art, de collection et d'Antiquités. Son prélèvement est identique à celui de la CSG. Son taux est assez faible et identique pour tous les types de revenus (0,5 %).

Les autres prélèvements sur le patrimoine et les placements

Il existe en tout cinq contributions sociales : la CSG, la CRDS, mais aussi :

- le ***prélèvement social*** (créé en 1997). La loi du 19 septembre 2011 porte le taux du prélèvement de 2,2 % à 3,4 %, la loi du 14 mars 2012 relève à nouveau ce taux de 3,4 % à 5,4 %, mais la loi de financement de la sécurité sociale pour 2013 du 17 décembre 2012 le fixe finalement à 4,5 % ;
- la ***contribution additionnelle au prélèvement social*** (créée en 2004, à 0,3 %) ;

– le ***prélèvement de solidarité sur les revenus du patrimoine et sur les produits de placement*** (créé en 2012) au taux de 2 %.

Ces trois contributions portent seulement sur les revenus du patrimoine et des placements.

Si l'on ajoute la CSG et la CRDS, le taux global d'imposition des revenus du patrimoine et des produits de placement est de 15,5 % (8,2 + 0,5 + 4,5 + 0,3 + 2).

Notons également que la loi de finances rectificative du 16 août 2012 assujettit les revenus fonciers et plus-values immobilières des non-résidents aux prélèvements sociaux, alors qu'ils en étaient jusqu'alors exonérés.

L'impôt sur le revenu a un rendement assez faible (75 milliards d'euros attendus en 2015, pour un total de 378 milliards d'euros de recettes fiscales, soit 20 % des recettes fiscales de l'État). Ces chiffres sont expliqués par une ***assiette trop étroite*** de l'impôt, conséquence des nombreuses niches fiscales (quotient familial, réductions, crédits, abattements...) : la moitié des foyers fiscaux français ne sont pas imposables, 72 % de l'impôt sont payés par 10 % des foyers, et même 37 % de l'impôt sont acquittés par seulement 1 % des foyers fiscaux.

L'impôt est en outre peu compréhensible du fait d'un ***calcul trop complexe***. Son mode de recouvrement est donc également en question, car une retenue à la source semblerait plus aisée. Dans ce cas, une fusion de la CSG et de l'IRPP pourrait même être envisageable (voir sur ce sujet le rapport du Conseil des prélèvements obligatoires « *Impôt sur le revenu, CSG, quelles réformes ?* » remis en février 2015).

L'imposition des bénéfices des sociétés

Chapitre 7

Imposer les sociétés n'est pas une évidence : en vertu de la Déclaration des droits de l'homme, c'est bien le citoyen qui consent à l'impôt, ce qui semble exclure l'imposition des personnes morales. Néanmoins, la réalité économique (les bénéfices importants engendrés par les sociétés) a pris le pas sur les principes juridiques, sous la forme de l'impôt sur les bénéfices des sociétés, ou impôt sur les sociétés (IS). Son rendement attendu en 2015 est d'environ 58 milliards d'euros sur 378 milliards d'euros de recettes fiscales totales.

L'impôt sur les sociétés a été créé par un décret du 9 décembre 1948, sur le fondement de la loi du 17 août 1948 visant au redressement économique et financier de la France. Toutefois, une imposition des bénéfices des sociétés existait déjà au titre de l'imposition de certaines cédules (bénéfices industriels et commerciaux) de l'impôt sur le revenu, avant que celui-ci ne soit réservé aux personnes physiques. Les similarités avec l'impôt sur le revenu sont donc grandes, en ce qui concerne notamment les modalités de délimitation de l'assiette de l'impôt, tandis que la liquidation de l'impôt sur les sociétés se distingue par un taux d'imposition proportionnel, et non progressif par tranches comme celui de l'IRPP.

1 Champ d'application

Les critères d'application de l'impôt français sur les bénéfices des sociétés sont à la fois personnels et territoriaux.

Champ d'application personnel

Toutes les sociétés ne sont pas soumises à l'impôt sur les sociétés (art. 206, CGI).

Par principe, les ***sociétés de capitaux*** (constituées par l'apport d'actifs financiers, telles les sociétés anonymes, les sociétés en commandite par actions, ou les sociétés à responsabilité limitée) sont soumises de plein droit à l'impôt sur les sociétés.

En revanche, les ***sociétés de personnes*** (constituées par l'apport de compétences, telles les sociétés en nom collectif, les sociétés en commandite simple ou les sociétés civiles) sont soumises à l'impôt sur le revenu.

Par exception toutefois, les SARL de famille et les entreprises unipersonnelles à responsabilité limitée dont l'associé unique est une personne physique sont également soumises à l'impôt sur le revenu. En revanche, les sociétés de personnes peuvent opter pour l'IS, et les sociétés civiles peuvent être passibles de l'IS à raison de leurs activités industrielles et commerciales.

Champ d'application territorial

En l'absence de convention fiscale applicable, l'impôt sur les sociétés frappe les bénéfices des entreprises exploitées en France, c'est-à-dire les bénéfices engendrés par une activité réalisée sur le territoire français. Il s'agit donc d'identifier ces activités. En l'absence de convention fiscale, les critères utilisés afin d'identifier l'origine des bénéfices sont au nombre de trois :

- le critère de l'***établissement stable*** est le plus simple : les bénéfices d'une installation permanente sur le territoire français sont passibles de l'IS ;
- le critère du ***représentant*** : si les activités d'un représentant de l'entreprise génèrent des profits sur le territoire français, ceux-ci sont passibles de l'IS ;
- le critère du ***cycle commercial complet*** : un tel cycle réalisé en France génère des bénéfices imposables à l'IS.

De façon dérogatoire, l'article 209 *quinquies* du CGI avait créé le régime du ***bénéfice consolidé***, lequel était accordé par agrément ministériel pour une durée de cinq ans. Il permettait de prendre en compte dans le bénéfice, non seulement les profits des filiales françaises d'une société, mais aussi les résultats des filiales étrangères détenues à 50 % par la société mère française. Ainsi, la réalisation de déficits à l'étranger pouvait être imputée sur les bénéfices passibles de l'IS en France, afin de diminuer l'impôt. Une dizaine d'entreprises bénéficiaient de ce régime avant sa suppression par la loi du 19 septembre 2011.

2 Détermination du bénéfice imposable

D'après l'article 38 alinéa 2 du Code général des impôts, « *le bénéfice net est constitué par la différence entre les valeurs de l'actif net à la clôture et à l'ouverture de la période dont les résultats doivent servir de base à l'impôt diminuée des suppléments d'apport et augmentée des prélèvements effectués au cours de cette période par l'exploitant ou par les associés. L'actif net s'entend de l'excédent des valeurs d'actif sur le total formé au passif par les créances des tiers, les amortissements et les provisions justifiés* ».

Le bénéfice imposable d'une entreprise est égal à la différence entre les produits perçus et les charges supportées par celle-ci. Il convient donc d'identifier les éléments positifs du bénéfice, dont on déduit ensuite les éléments négatifs.

■ *Les éléments positifs*

La période d'imposition ou la durée de l'exercice est d'un an, théoriquement l'année civile, mais il peut en être autrement selon le choix de l'entreprise. Pour connaître le montant des bénéfices réalisés par l'entreprise, la théorie du compte d'exploitation ne considère que les opérations découlant de l'objet même de l'entreprise (la vente de marchandises ou la transformation de produits par exemple). Les opérations exceptionnelles ou inhabituelles ne sont pas retracées dans le compte ni incluses dans les bénéfices de l'entreprise.

Au contraire, la ***théorie du bilan*** est adoptée en droit fiscal français, permettant d'inclure les résultats des opérations habituelles de l'entreprise, mais aussi des opérations exceptionnelles, grâce à la comparaison de l'actif de l'entreprise au début de l'exercice et à la clôture de l'exercice. Les opérations relatives aux biens inscrits à l'actif sont ainsi prises en compte dans le résultat. Les biens de l'actif immobilisé peuvent être des biens corporels (immeubles, matériels, terrains, meubles...) ou incorporels (brevets, fonds commercial...).

Dans ce cas, les résultats de la société sont le produit de l'exploitation des biens affectés à l'entreprise. Jusqu'à la loi du 29 décembre 2010, il appartenait à l'exploitant de désigner ces biens. La théorie du bilan, laquelle inclut les variations de l'actif qu'elles soient habituelles ou occasionnelles, permettait ainsi aux entrepreneurs d'inscrire au bilan n'importe quel bien, même non utilisé pour l'exercice de leur activité professionnelle (par exemple, des loyers ou un immeuble sans lien avec la société). L'article 155 II du CGI dispose désormais que pour les exercices ouverts à compter du 1er janvier 2012, le bénéfice net de l'exploitant est diminué du montant des produits qui ne proviennent pas de l'activité professionnelle et augmenté du montant des charges admises en déduction qui ne sont pas nécessitées par l'exercice de l'activité, alors même que ces produits et charges se rapportent à des éléments d'actif.

Les éléments négatifs

Les éléments négatifs peuvent être déduits du bénéfice imposable à trois conditions :

- ils représentent une *diminution de l'actif net* de l'entreprise, et non l'entrée d'un nouvel élément dans cet actif ;
- ils doivent être *comptabilisés et justifiés* ;
- ils relèvent d'une *gestion normale de l'entreprise*. Construction du Conseil d'État (arrêt du 5 janvier 1985), la théorie de l'***acte anormal de gestion*** suggère que les entreprises disposent d'une liberté de gestion qui peut conduire à choisir des voies moins imposées, mais que cette liberté trouve sa limite dans l'acte anormal de gestion, dont le seul but est de se soustraire partiellement ou totalement à l'impôt. En effet, l'entreprise imposée sur son bénéfice pourrait se livrer à ce genre d'actes en vue de diminuer ce bénéfice, et donc de payer moins d'impôt : en faisant des cadeaux disproportionnés à ses clients, en cédant ses biens immobiliers à une valeur inférieure au prix du marché ou en se livrant à des dépenses somptuaires au profit des dirigeants par exemple. Dans ce cas, ces actes ne relèvent pas, pour le Conseil d'État, d'une gestion normale de l'entreprise, dont le but est théoriquement de faire des profits. Les sommes sont alors réintégrées dans le bénéfice imposable de l'entreprise (et soumises à l'impôt sur les sociétés ou l'IRPP au titre des BIC) mais aussi dans les revenus du bénéficiaire de l'avantage en tant que revenu imposable à l'IRPP. Il en est ainsi par exemple des avances accordées par une société mère à sa fille, ayant engendré une perte exceptionnelle de sa créance : en se fondant sur le risque pris par la société mère, l'administration fiscale pouvait à bon droit réintégrer cette perte au motif que la société mère a dépassé le cadre d'une gestion commerciale normale en consentant des avances (*CE, 11 juin 2014, Sté Fralsen Holding*).

a) Les frais généraux

Les frais généraux sont des dépenses entraînant une diminution de l'actif net de l'entreprise. Ces frais se distinguent des dépenses d'investissement, qui elles, font entrer un nouvel actif dans le patrimoine de l'entreprise. Ces dépenses peuvent être déduites :

- si elles ont été effectuées dans ***l'intérêt de l'exploitation***, c'est-à-dire qu'elles relèvent d'une gestion normale de l'entreprise (dans le cas contraire elles constituent un acte anormal de gestion, voir *supra*) ;
- si la loi ***n'interdit pas cette déduction*** (par exemple les sanctions pécuniaires et pénalités ne sont pas déductibles en vertu de l'article 39 alinéa 2 du CGI, telles les pénalités fiscales ou les astreintes prononcées par une décision de justice : *CE, 20 juin 2012, Société Sosaca*) ;
- enfin, si les ***dépenses sont justifiées*** par des pièces suffisantes, telles des factures.

Sont notamment admis au titre des frais généraux déductibles :

- les dépenses de personnel : les rémunérations ne sont déductibles que si elles correspondent à un travail effectif et si elles ne sont pas excessives (eu égard aux fonctions et à la qualification de l'employé) ;
- les dépenses de recherche et de développement ;
- les dépenses de publicité ;
- les loyers ;
- les dépenses d'entretien ou de réparation qui concourent à maintenir en état d'usage ou de fonctionnement les différents éléments de l'actif immobilisé de l'entreprise (*CE, 30 mars 1994, M. Fondère*). Sont ainsi exclues les dépenses qui ont pour résultat de faire entrer un nouvel élément dans l'actif immobilisé de l'entreprise, celles qui entraînent une augmentation de la valeur d'un élément de l'actif, ou celles qui ont pour effet de prolonger de manière notable la durée probable d'utilisation d'un élément de l'actif (*CE, 29 janvier 1975*) ;
- les dépenses de mise aux normes si les travaux n'ont pas prolongé la durée de vie ou d'utilisation des équipements (*CE, 23 décembre 2011, Société Secre Asteel Electronics*) ;
- les frais de déplacements professionnels ;
- les frais de réception et de représentation lorsqu'ils sont exposés dans l'intérêt de l'entreprise, et lorsqu'ils ne correspondent pas à des dépenses somptuaires énumérées par la loi (article 39 alinéa 4 du CGI : dépenses ayant trait à l'exercice de la chasse ou de la pêche, achat ou location de résidences de plaisance, de yachts ou de bateaux de plaisance notamment) ;
- les frais financiers (intérêts d'emprunt par exemple, mais la loi de finances pour 2013 fixe un plafond de déductibilité de 85 % des charges financières, puis 75 % en 2014, lorsque les charges sont supérieures à 3 millions d'euros) ;
- les impôts dus par la société (taxes foncières, droits d'enregistrement, contribution économique territoriale), à l'exception de l'impôt sur les sociétés.

En revanche, depuis la loi de finances rectificative du 16 août 2012, les aides consenties par une entreprise à une autre ne sont plus déductibles de ses bénéfices imposables, à l'exception des aides de nature commerciale (par exemple entre un fournisseur et un client) et des aides aux entreprises pour lesquelles une procédure de sauvegarde, de redressement judiciaire ou de liquidation judiciaire est ouverte.

b) Les amortissements

Les amortissements tiennent compte de la perte de valeur des éléments d'actif de l'entreprise. Ils permettent d'étaler le coût d'un élément d'actif sur sa durée d'utilisation. Un actif amortissable est donc une immobilisation inscrite à l'actif dont la valeur se déprécie avec le temps.

Les méthodes d'amortissement sont au nombre de deux :

- ***l'amortissement linéaire*** identifie une perte de valeur constante chaque année. Cette dépréciation est calculée en fonction de la durée de vie théorique d'un bien. Par exemple, si cette durée de vie est de cinq ans, le bien perd chaque année un cinquième (20 %) de sa valeur. La durée de vie des biens est issue des usages comptables. Par exemple, la durée d'utilisation d'un immeuble est de 20 ans, l'amortissement linéaire est donc de 5 % par an. La durée d'utilisation d'un équipement informatique est estimée à 3 ans, l'amortissement linéaire est donc de 33,33 % par an ;
- ***l'amortissement dégressif*** identifie une perte de valeur décroissante au fil des ans (article 39A du CGI). Il s'applique par exception à certaines immobilisations énumérées par la loi (matériels et outillages industriels ou encore matériels de manutention).

c) Les provisions

En vertu de l'article 39 alinéa 1er 5/ du CGI, les provisions sont constituées en vue de faire face à des pertes ou charges nettement précisées et que des événements en cours d'exercice rendent probables. Elles peuvent être déduites du bénéfice imposable, à condition qu'elles aient été effectivement constatées dans les écritures de l'exercice.

Il existe trois catégories de provisions :

- les provisions pour dépréciation d'actifs (biens immobiliers, stock...). Par exemple, une provision pour dépréciation d'un fonds de commerce d'hôtellerie et de restauration peut être justifiée par une baisse du chiffre d'affaires et du résultat d'exploitation tirés de l'exploitation de l'hôtel (*CE, 23 décembre 2011, SARL Hôtel Arriel Astrid*) ;
- les provisions pour pertes et charges (impôts, perte de change, litiges...) ;
- les provisions réglementées limitativement énumérées par la loi (par exemple, les provisions pour mise en conformité à la législation sur la sécurité alimentaire).

Le régime général des deux premières catégories de provisions (les autres étant chacune soumise à un régime spécifique) soumet la déduction à plusieurs conditions :

- la provision porte sur une charge fiscalement déductible (par exemple, une provision pour pénalité n'est pas admise) ;

– la perte ou la charge doit être hautement probable et avoir un objet nettement précisé ;
– la probabilité doit résulter d'événements réalisés en cours d'exercice.

Si la perte ou la charge ne se réalise pas, la provision est sans objet, si bien que son montant est réintégré dans le bénéfice imposable.

d) Les reports déficitaires

Les sociétés peuvent imputer leurs déficits éventuels sur le bénéfice imposable de deux façons différentes :

– le ***report en avant*** est la voie la plus simple : les déficits sont imputables sur les bénéfices ultérieurs (des années suivantes). La loi du 19 septembre 2011 plafonne les déficits reportables : jusqu'à un million d'euros, le déficit est totalement imputable sur les résultats de l'exercice suivant, mais au-delà, le déficit n'est imputable qu'à hauteur de 60 % de la fraction de bénéfice qui excède le million d'euros. La loi de finances pour 2013 fixe finalement ce pourcentage à 50 % ;

– le ***report en arrière*** (technique américaine connue sous le nom de *carry-back*) permet d'imputer les bénéfices sur les années antérieures (les trois dernières années puis la dernière année depuis les lois des 19 septembre et 28 décembre 2011). Étant donné que l'impôt sur les sociétés a déjà été acquitté pour ces années, le report en arrière fait naître une créance de l'État au profit du contribuable. Les lois de 2011 plafonnent néanmoins le montant du *carry-back* imputable à un million d'euros.

3 Liquidation et recouvrement de l'impôt sur les sociétés

L'impôt sur les sociétés est un impôt proportionnel, acquitté en principe en quatre acomptes provisionnels.

■ *Les règles de la liquidation*

Les contribuables passibles de l'IS doivent souscrire chaque année les déclarations prévues pour les bénéfices industriels et commerciaux, à partir des imprimés fournis par l'administration fiscale, ou par voie électronique. Le calcul de l'impôt sur les sociétés est beaucoup plus simple que celui de l'impôt sur le revenu. Le taux normal de l'impôt sur les sociétés est de 33,33 % (art. 219, CGI). Il existe cependant un taux réduit de 15 % applicable à la première tranche de bénéfices, inférieure à 38 120 euros, à la condition que le chiffre d'affaires de la société n'excède pas 7 630 000 euros.

L'impôt sur les sociétés comprend de nombreux mécanismes de ***crédits d'impôts***, listés aux articles 244 *quater* B et suivants du CGI :

- le ***crédit d'impôt recherche*** (recherche fondamentale, appliquée ou développement expérimental). Le montant du crédit est égal à 30 % de la fraction des dépenses de recherche inférieures à 100 millions d'euros, et à 5 % au-delà de ce seuil ;
- le ***crédit d'impôt apprentissage*** (pour l'emploi d'apprentis). Le montant du crédit est égal à la somme de 1 600 euros multipliée par le nombre d'apprentis ;
- le ***crédit d'impôt famille*** (à raison des sommes engagées en faveur des salariés ayant des enfants à charge) ;
- le ***crédit d'impôt cinéma et audiovisuel*** (en faveur des entreprises de production cinématographique ou audiovisuelle localisant le tournage et la production principalement sur le territoire français) ;
- le ***crédit d'impôt compétitivité et emploi*** (loi de finances rectificative du 29 décembre 2012) égal à 6 % de la masse salariale correspondant aux salaires de moins de 2,5 SMIC. Ce dispositif vise à rétribuer les efforts des entreprises en matière d'investissement, de recherche, d'innovation, de formation ou de recrutement.

De même, certaines ***réductions d'impôt*** peuvent être accordées :

- la ***réduction mécénat*** : les dons des entreprises à des œuvres et organismes d'intérêt général, à des fondations ou des associations d'utilité publique ouvrent droit à une réduction d'impôt sur les bénéfices des sociétés égale à 60 % des versements effectués dans la limite de 5 ‰ de leur chiffre d'affaires ;
- la ***réduction d'impôt pour souscription au capital des entreprises de presse*** (réduction égale à 25 % des sommes versées).

Le paiement de l'impôt

Le paiement de l'impôt sur les sociétés s'effectue spontanément auprès du service des impôts des entreprises ou de la direction des grandes entreprises. Il est dû en quatre acomptes provisionnels tous les trimestres à des dates fixées par la loi (15 mars, 15 juin, 15 septembre et 15 décembre), complétés par un solde de liquidation (15 avril). Lorsque le bénéfice est imposé au taux normal (33,33 %), il s'agit ainsi de quatre acomptes au taux de 8,33 %.

Les impôts complémentaires à l'impôt sur les sociétés

Les sociétés soumises à l'IS sont également redevables de diverses contributions complémentaires.

Ainsi, l'article 235 *ter* ZAA (loi du 28 décembre 2011) crée une ***contribution exceptionnelle à l'impôt sur les sociétés*** pour les entreprises dont le chiffre d'affaires annuel est supérieur à 250 millions d'euros. Cette contribution est égale à 10,7 % de l'impôt sur les sociétés dû, déterminé avant imputation des réductions et crédits d'impôt, et est payée dans les mêmes conditions que l'impôt sur les sociétés. Cette contribution a été reconduite pour deux années par la loi de finances pour 2013.

De même, la loi de finances rectificative du 16 août 2012 institue une ***contribution additionnelle à l'impôt sur les sociétés*** de 3 % sur les montants distribués. Il s'agit de différencier et privilégier les sociétés qui réinvestissent les bénéfices et celles qui les distribuent (dividendes, bénéfices qui ne sont pas mis en réserve ou sommes mises à la disposition des associés). Cette contribution est payée spontanément lors du premier versement d'acompte de l'impôt sur les sociétés suivant le mois de la mise en paiement de la distribution.

En outre, les sociétés doivent s'acquitter d'une ***contribution sociale sur les bénéfices*** (CSB, article 235 *ter* ZC). Elle est due par les sociétés soumises à l'IS dont le chiffre d'affaires annuel excède 7 630 000 euros, et dont le montant de l'IS dépasse 763 000 euros. La CSB est égale à 3,3 % du montant de l'IS brut (avant crédits ou réductions d'impôt) après application d'un abattement de 763 000 euros. Elle est payée de la même manière que l'impôt sur les sociétés.

Enfin, la loi de finances pour 2014 (loi du 29 décembre 2013) instaure une ***taxe exceptionnelle sur les hautes rémunérations versées par les entreprises***. Elle est instaurée sur les rémunérations excédant un million d'euros versées par les entreprises en 2013 et 2014. La taxe est égale à 50 % de la part des rémunérations qui excède le seuil d'un million d'euros, son montant étant toutefois plafonné à 5 % du chiffre d'affaires de l'entreprise.

L'imposition de la dépense

Chapitre 8

L'imposition de la dépense est principalement constituée par la TVA (taxe sur la valeur ajoutée), mais d'autres impôts peuvent également grever l'achat de certains produits spécifiques, tels les hydrocarbures (taxe intérieure de consommation sur les produits énergétiques).

1 Bref historique de la TVA

La forme moderne de l'imposition de la dépense est assez récente en France, car elle est issue d'une loi du 10 avril 1954 et d'un décret du 30 avril 1955.

Le système créé est original par rapport aux expériences françaises ou étrangères connues jusqu'alors. Notre TVA est un impôt aux mécanismes subtils mais efficaces car limitant la fraude et permettant un rendement important, si bien qu'il fut copié partout dans le monde.

Les deux systèmes connus à l'époque étaient les suivants :

- la ***taxe cumulative*** (ou en cascade) : elle frappe tous les stades du circuit économique (production, transformation, commerce en gros, commerce en détail, etc.), rendant la fraude plus compliquée en raison du nombre d'acteurs du circuit impliqués. L'impôt sur le chiffre d'affaires créé en France en 1920 répond à ce modèle, mais est vivement critiqué car il désavantage les circuits les plus longs ;
- la ***taxe unique*** : elle frappe un seul stade du circuit économique, que cela soit la production ou la consommation, comme aux États-Unis. Un tel système avait été créé en France en 1936 (taxe unique à la production), mais il retarde la perception de l'impôt, et facilite la fraude car la taxe ne frappe qu'un seul acteur du circuit.

La TVA créée en 1954 emprunte aux deux systèmes puisqu'il s'agit d'une ***taxe unique à paiements fractionnés***. La TVA est appliquée à chaque stade de la production selon le mécanisme de la taxe en cascade (TVA facturée ou TVA brute), mais pour éviter de pénaliser la longueur du circuit, le redevable de la taxe (commerçant, prestataire de service...) peut déduire de ce montant la TVA qu'il a lui-même acquittée lors de l'acquisition de biens ou de services auprès de ses fournisseurs (TVA déductible). La TVA est donc un impôt neutre indifférent à la longueur du circuit économique.

En 1954, la TVA ne frappe que les opérations de gros et de demi-gros. Elle est étendue au commerce en détail, à l'artisanat et aux prestations de services par la loi du 6 janvier 1966. Enfin, la directive du 17 mai 1977 transposée par la loi du 29 décembre 1978 élargit la TVA aux activités des professions libérales.

Aujourd'hui, la TVA représente plus de la moitié des recettes fiscales de l'État (en 2015, 193 milliards d'euros attendus sur 378 milliards d'euros de recettes fiscales).

2 Champ d'application de la TVA

Les critères d'application de la TVA française dépendent du type d'opération concerné, ainsi que de la localisation géographique de cette opération.

■ *Les opérations imposables*

L'article 256 du Code général des impôts soumet à la TVA les ***livraisons de biens et les prestations de services effectuées à titre onéreux*** par un ***assujetti*** agissant en tant que tel.

La ***livraison de biens*** est définie par le CGI comme le transfert du pouvoir de disposer de ce bien comme un propriétaire. L'opération de vente est évidemment la plus concernée. Les biens visés sont des biens corporels (meubles et immeubles depuis la loi du 10 mars 2010 revenant sur le régime spécifique de la TVA immobilière), car la livraison de biens incorporels est considérée comme une prestation de service.

Les ***prestations de service*** sont toutes les opérations autres que la livraison de biens. Il peut s'agir notamment de location, transport, travaux immobiliers, travaux d'études, de recherches ou d'expertise ou encore de cession de biens incorporels (brevets et marques).

Les opérations imposables sont effectuées ***à titre onéreux*** : elles comportent donc une contrepartie de toute nature (en argent, bien livré, service rendu). En revanche, peu importe l'objectif de l'assujetti qui peut ne pas réaliser de bénéfices, ou agir sans but lucratif.

Enfin, l'***assujetti*** est défini par l'article 256A du Code général des impôts : « *Sont assujetties à la taxe sur la valeur ajoutée les personnes qui effectuent de manière indépendante une [...] activité* *économique [...], quels que soient le statut juridique de ces personnes, leur situation au regard des autres impôts et la forme ou la nature de leur intervention* ». L'indépendance est le critère central de l'assujettissement, excluant ainsi les salariés.

Sont en outre imposables certaines opérations déterminées par la loi. Notamment, les livraisons à soi-même (art. 257, CGI) sont soumises à la TVA : il s'agit de l'utilisation par une entreprise d'un bien fabriqué par elle-même. Dans ce cas une différence existe entre les entreprises, que la taxation permet d'éviter.

Les opérations exonérées de la TVA en revanche, sont les opérations entrant dans le champ de la TVA défini à l'article 256 du Code, mais exonérées en vertu d'une autre disposition législative. Il en est ainsi notamment :

- des exportations ;
- des professions médicales et paramédicales (les psychologues et psychothérapeutes titulaires d'un diplôme spécifique sont également exonérés, tout comme les ostéopathes depuis 2007. En revanche depuis le 1er octobre 2012, les actes de médecine et de chirurgie esthétique non remboursés par la sécurité sociale ne sont plus exonérés de TVA) ;
- des activités d'enseignement ;
- des opérations d'assurance.

L'exonération de TVA implique la perte du droit à déduction de la TVA ayant grevé les achats réalisés en vue de l'opération. C'est pour cette raison que certaines activités exonérées de TVA, voire n'entrant pas dans le champ de la TVA, peuvent être soumises à l'imposition sur option.

■ *Le champ d'application territorial de la TVA*

La TVA est applicable au territoire de la France continentale, auquel Monaco est intégré, et auquel la Corse appartient malgré un régime spécifique. Les collectivités d'Outre-mer (Polynésie française, Saint-Pierre et Miquelon, Saint-Barthélemy, Saint-Martin, Wallis-et-Futuna) et la Nouvelle-Calédonie ne font en revanche pas partie du territoire français en matière de TVA.

La TVA française s'applique aux importations, ce qui permet d'appliquer le même taux de TVA à tous les produits quelle que soit leur origine. En revanche, les exportations sont exonérées de TVA.

3 Détermination de la TVA exigible

Le système de taxe à paiements fractionnés suppose que l'assujetti puisse déduire de la TVA facturée la TVA qu'il a acquittée à l'occasion des dépenses nécessaires à son exploitation. De la

TVA brute ou facturée est ainsi retranchée la TVA déductible, afin d'obtenir le montant de la TVA exigible par l'administration fiscale.

■ La TVA brute

La TVA brute est la TVA facturée au client. Elle est calculée à partir de la valeur des biens ou services délivrés par l'assujetti. Font également partie de l'assiette les frais accessoires tels les frais d'emballage, d'affranchissement, de transport ou d'assurances. Ne sont pas intégrés en revanche les remises, rabais, ristournes ou réductions de prix.

La matière imposable se voit ensuite appliquer un taux différent en fonction de la nature des opérations. Une directive européenne du 18 octobre 1992 impose un système à deux taux au minimum : un taux normal et un ou plusieurs taux réduits.

Le ***taux normal*** de TVA est fixé à 20 % depuis le 1er janvier 2014. Le taux de 20 % n'est pas le plus élevé au sein de l'Union européenne, car il n'est pas rare de rencontrer des taux de 22 ou 25 % dans les pays du Nord de l'Europe, voire même de 27 % en Hongrie.

Le ***taux intermédiaire*** est de 10 % depuis le 1er janvier 2014. Ce taux concerne les produits et prestations de service désignés par la loi, tels les médicaments non remboursables, les produits d'origine agricole, le bois de chauffage, les transports de voyageurs, la location d'un emplacement de camping, la restauration (sur place ou à emporter, à l'exception des produits de boulangerie soumis au taux réduit), les travaux sur les locaux d'habitation, les services d'aide à la personne, les spectacles ou les jeux et manèges forains.

Sont cependant soumis à un ***taux réduit*** de 5,5 % certains produits de première nécessité :

- les produits alimentaires (à l'exception des boissons alcoolisées, des confiseries, des margarines, de certains chocolats et du caviar qui relèvent du taux normal). Un rapport du Sénat du 26 février 2014 propose même que la liste des aliments soumis au taux réduit tienne compte de leur qualité nutritionnelle, afin de lutter contre l'obésité ;
- la fourniture de repas dans les cantines scolaires ;
- les produits et services destinés aux personnes handicapées ;
- les abonnements au gaz et à l'électricité.

Enfin, le taux « ***super-réduit*** » de 2,1 % est autorisé de manière exceptionnelle par le droit de l'Union. Ce taux s'applique à une liste de produits ou opérations limitativement énumérés : notamment les médicaments remboursés par la Sécurité sociale ou les publications de presse.

La TVA exigible

La TVA exigible par l'administration fiscale est obtenue en réalisant l'opération suivante :

TVA facturée (brute) – TVA déductible = TVA exigible

Pour pouvoir réaliser cette soustraction, l'assujetti doit cependant effectuer des opérations répondant à des conditions de forme et de fond.

a) Les conditions de forme de la déduction

Tout assujetti doit souscrire une ***déclaration d'existence*** dans les quinze jours du commencement de son activité, mais aussi en cours d'activité en cas de modification substantielle des conditions d'exercice de celle-ci (par exemple, modification de la forme de la société, ou ouverture d'un nouvel établissement). Une déclaration est enfin exigée dans les trente jours de la cessation d'activité de l'assujetti. Un numéro individuel d'identification est attribué à chaque assujetti.

Les personnes assujetties à la TVA doivent ensuite tenir une ***comptabilité*** justifiant chaque opération effectuée. Celles-ci doivent toutes faire l'objet d'une ***facture*** comportant certaines mentions obligatoires (nom et adresse du fournisseur et du client, ainsi que le numéro d'identification du fournisseur, date et numéro de facture, quantité et dénomination des produits ou services livrés, prix hors TVA, taux de TVA applicable, montant de TVA, rabais ou ristournes éventuelles). Ces mentions sont essentielles pour exercer le droit à déduction, mais la jurisprudence est assez tolérante lorsque ces mentions font défaut mais que d'autres preuves sont apportées (s'agissant par exemple du nom et de l'adresse du client, lorsque celui-ci apporte par tout moyen la preuve du règlement effectif de cette facture par lui-même : *CE, 26 mars 2012, Société CERP Lorraine*).

b) Les conditions de fond de la déduction

Le droit à déduction a fait l'objet d'une réforme entrée en vigueur le 1er janvier 2008 (décret du 16 avril 2007 et instruction du 9 mai 2007). Depuis cette date, le droit à déduction ne peut être exercé que si les achats sont ***affectés par l'assujetti à son activité économique***. Ces achats doivent ainsi répondre aux besoins de l'exploitation. La réforme de 2007 met fin à la condition de nécessité (les achats devaient être nécessaires à l'exploitation, ancien article 230-1 du Code général des impôts).

En outre, le droit à déduction est déterminé grâce à des coefficients applicables à la TVA collectée. La TVA déductible est ainsi obtenue grâce à la formule suivante :

TVA déductible = TVA collectée × coefficient de déduction

Le coefficient de déduction est égal au produit de trois autres coefficients, les coefficients d'assujettissement, de taxation et d'admission.

Coefficient de déduction = coefficient d'assujettissement × coefficient de taxation × coefficient d'admission

1) Le coefficient d'assujettissement

Le coefficient d'assujettissement permet d'identifier les opérations se situant dans le champ d'application de la TVA, et les opérations ne se situant pas dans son champ d'application (par exemple, une activité qui n'est pas effectuée à titre onéreux). Ainsi, si un bien est utilisé entièrement pour une opération située dans le champ de la TVA, le coefficient est de 1. S'il ne l'est pas, le coefficient est de 0. S'il est partiellement utilisé pour une activité située dans le champ de la TVA, le coefficient varie entre 1 et 0, par exemple 0, 5, s'il est utilisé la moitié du temps pour des activités hors champ de la TVA, ou si la moitié de la surface d'un bien immobilier est employée pour une activité hors champ (lieu d'habitation par exemple).

2) Le coefficient de taxation

Le coefficient de taxation permet d'identifier, au sein des activités entrant dans le champ de la TVA, celles qui sont exonérées. Par exemple, un bien peut être utilisé à la fois pour une activité de vente, imposable à la TVA (un tiers du temps) et une activité d'enseignement, exonérée de TVA (les deux tiers du temps). Le coefficient de taxation est alors d'un tiers (0,33).

3) Le coefficient d'admission

Le coefficient d'admission est enfin déterminé par la législation fiscale, qui impose un certain plafond de valeur de la TVA déductible. L'objectif de ce coefficient est d'éviter les dépenses somptuaires permettant de déduire des montants importants de TVA. Si le bien ne fait l'objet d'aucune restriction, son coefficient est de 1. Au contraire, si le bien fait l'objet d'une exclusion totale, son coefficient est de 0.

Par exemple, les dépenses de logement des dirigeants ont un coefficient égal à 0, la loi n'admet donc pas la déduction de la TVA les grevant.

c) Le paiement de la TVA

Le régime normal d'imposition implique la production mensuelle d'une déclaration des opérations taxables réalisées. Toutefois, lorsque la taxe exigible annuellement est inférieure à 4 000 euros, les déclarations peuvent être déposées tous les trimestres. Ces déclarations sont accompagnées du paiement de l'impôt. La déclaration et le paiement sont effectués obligatoirement par voie électronique, lorsque les entreprises ont un chiffre d'affaires annuel supérieur à 230 000 euros ou lorsqu'elles sont soumises à l'impôt sur les sociétés à partir du 1er octobre 2012.

4 Les autres impôts sur la dépense

Il existe d'autres impôts spécifiques sur la dépense, qui viennent le plus souvent s'ajouter à la TVA. La plupart sont les héritiers d'impôts existant déjà au Moyen Âge, ce qui se remarque encore aujourd'hui s'agissant de leur assiette (le plus souvent, une quantité de produit – un hectolitre par exemple). Leur recouvrement est assuré par la direction générale des douanes et des droits indirects. Si l'on excepte la taxe intérieure de consommation sur les produits énergétiques, leur rendement est assez faible comparé à celui de la TVA. Citons notamment :

- la ***taxe intérieure de consommation sur les produits énergétiques*** (article 265 du Code des douanes) remplace la TIPP (taxe intérieure sur les produits pétroliers) en 2011 afin d'inclure une taxation des voitures électriques. Ce type d'impôt existant depuis 1928 a pris de l'importance à la suite des chocs pétroliers. Son rendement est aujourd'hui assez conséquent (14 milliards d'euros attendus en 2015) ;
- les ***droits sur les alcools et les boissons alcooliques*** sont apparus sous l'Antiquité. Abolis par la Révolution, leur fort rendement justifie leur rétablissement en l'an XII. Le tarif de l'impôt est fixé par hectolitre : 45 euros pour les vins, 180 euros pour les autres boissons spiritueuses, 872 euros pour le rhum des départements d'Outre-mer ;
- les ***droits sur les bières et les boissons non alcoolisées*** : le tarif est de 1,38 euros ou de 2,75 euros par degré alcoométrique pour les bières, et 0,54 euro pour les eaux minérales ;
- les ***droits de consommation sur les tabacs*** datent du Moyen Âge et n'ont pas non plus survécu à la Révolution. Ils sont toutefois rétablis à partir de l'an VII. Ils s'élèvent par exemple à 64 % pour les cigarettes, 58 % pour les tabacs à rouler, ou 27 % pour les cigares ;
- la ***contribution sur les boissons contenant des sucres ajoutés*** ou des édulcorants de synthèse (7,16 euros par hectolitre) ;
- la ***taxe sur les cercles et maisons de jeux*** : elle va de 10 à 70 % en fonction du montant gagné. Les cercles et maisons de jeux sont en revanche exonérés de TVA.

L'imposition du capital

Chapitre 9

Les revenus sont imposés du fait de leur perception par le contribuable, mais aussi lorsque ces revenus sont dépensés, ou encore s'ils sont accumulés afin de former un capital. L'impôt sur la fortune frappe ce capital au-dessus d'un certain seuil de valeur, et les droits de mutation frappent le transfert de propriété de ce capital.

1 L'impôt sur la fortune

L'impôt sur la fortune a une forte connotation politique ou idéologique : il fut l'une des principales mesures fiscales adoptées dès la première année de la présidence de François Mitterrand, par la loi du 30 décembre 1981. Alors dénommé « impôt sur les grandes fortunes » (IGF), il faisait partie des 110 propositions du candidat à la présidence, afin de réduire les injustices engendrées par le système de l'impôt sur le revenu. L'exposé des motifs de la loi justifiait ainsi le nouvel impôt par une volonté de corriger la prise en compte insatisfaisante de la capacité contributive par l'IRPP. En outre, l'existence d'un contrôle des grandes fortunes permet de vérifier l'acquittement des autres impôts grâce à des recoupements.

La cohabitation de 1986 supprime cet impôt, mais il est restauré par la loi du 23 décembre 1988, à la suite de la réélection de François Mitterrand. Le nouvel « impôt de solidarité sur la fortune » (ISF) a conservé cette dénomination, qui souligne cette fois-ci l'objectif de financement du revenu minimum d'insertion (RMI, aujourd'hui remplacé par le revenu de solidarité active, RSA).

La justification de l'ISF avait été admise par le Conseil constitutionnel lors de sa création (*décision n° 81-133 DC du 31 décembre 1981, Loi de finances pour 1982*). Le Conseil admettait alors que l'impôt sur la fortune puisse frapper un patrimoine lorsque celui-ci est productif de revenus. Il estime ainsi à propos de l'imposition de l'usufruit que la « *capacité contributive se trouve entre les mains non du nu-propriétaire mais de ceux qui bénéficient des revenus ou avantages afférents aux biens dont la propriété est démembrée* ».

Dans sa décision n° 2010-44 QPC du 29 septembre 2010 (*Époux M. [Impôt de solidarité sur la fortune]*) en revanche, le Conseil constitutionnel juge que la prise en compte de la capacité contributive n'implique pas que seuls les biens productifs de revenus entrent dans l'assiette de l'impôt de solidarité sur la fortune. Cette nuance permettrait d'inclure de nombreux autres éléments de patrimoine dans l'assiette de l'ISF.

Aujourd'hui toutefois, il semble que l'ISF produise davantage de polémiques que de rentrées fiscales (5,5 milliards d'euros attendus en 2015).

■ *Champ d'application personnel et territorial*

a) Les personnes imposables

Les articles 885A et 885E du CGI définissent le champ d'application de l'ISF. Seules les personnes physiques y sont assujetties, les personnes morales n'étant pas imposées. Les personnes physiques sont assujetties à raison de leurs biens et ceux de leurs enfants, les conditions d'assujettissement étant appréciées au 1er janvier de chaque année.

Les couples mariés ou liés par un pacte civil de solidarité sont soumis à une imposition commune. C'est donc le foyer fiscal qui constitue l'entité de référence de l'imposition. Une particularité existe néanmoins par rapport au foyer fiscal connu pour l'impôt sur le revenu. En effet, l'article 885E dispose : « *Dans le cas de concubinage notoire, l'assiette de l'impôt est constituée par la valeur nette, au 1er janvier de l'année, de l'ensemble des biens, droits et valeurs imposables appartenant à l'un et l'autre concubins et aux enfants mineurs mentionnés au premier alinéa* ». Les concubins sont donc imposés de façon commune, ce qui n'est pas le cas en matière d'impôt sur le revenu, car dans ce cas les concubins constituent deux foyers fiscaux séparés. Cette différence dans les modalités de l'imposition des concubins avait été soulevée à l'occasion du recours contre l'impôt sur la fortune en 1981 (*décision n° 81-133 DC du 30 décembre 1981, Loi de finances pour 1982*), mais le Conseil constitutionnel estime que le législateur peut prévoir un champ d'application personnel distinct selon les impôts. Le Conseil n'a d'ailleurs pas souhaité revenir sur ce principe dans une décision récente soulevant le même problème (*décision n° 2010-44 QPC du 29 septembre 2010, Époux M. [Impôt de solidarité sur la fortune]*).

b) Le champ d'application territorial de l'ISF

D'après l'article 885A du Code général des impôts, sont soumises à l'ISF, lorsque la valeur de leurs biens est supérieure au seuil fixé par la loi (1 300 000 euros en 2015) :

- les personnes physiques ayant leur domicile fiscal en France, à raison de leurs biens situés en France ou hors de France ;
- les personnes physiques n'ayant pas leur domicile fiscal en France, à raison de leurs biens situés en France.

Néanmoins, un régime fiscal plus favorable a été créé par la loi du 4 août 2008 au profit des « ***impatriés*** ». Il s'agit des personnes qui s'étaient domiciliées fiscalement à l'étranger, et qui reviennent en France. Ainsi d'après l'article 885A du CGI, les personnes physiques qui n'ont pas été fiscalement domiciliées en France au cours des cinq années civiles précédant celle au cours de laquelle elles ont leur domicile fiscal en France ne sont imposables qu'à raison de leurs biens situés en France. Le régime fiscal est plus favorable afin d'inciter les expatriés à revenir en France : seuls leurs biens situés en France sont alors soumis à l'ISF, et non leurs biens situés hors de France comme cela est le principe.

■ *Détermination de l'assiette*

L'assiette de l'impôt de solidarité sur la fortune est constituée par la valeur nette, au 1er janvier de l'année, de l'ensemble des biens, droits et valeurs imposables appartenant aux personnes visées à l'article 885A, ainsi qu'à leurs enfants mineurs.

Ce sont les règles classiques du droit civil qui s'appliquent pour déterminer le propriétaire d'un bien. Par exemple, la théorie de la propriété apparente désigne celui qui apparaît comme le propriétaire aux yeux des tiers ; la théorie de l'accession donne droit sur les accessoires du bien (article 546 du Code civil : « *La propriété d'une chose soit mobilière, soit immobilière, donne droit sur tout ce qu'elle produit, et sur ce qui s'y unit accessoirement soit naturellement, soit artificiellement. Ce droit s'appelle "droit d'accession"* »). Enfin, une présomption de propriété en cas de possession s'applique aux biens meubles (art. 2279, C. civ. : « *Les actions possessoires sont ouvertes dans les conditions prévues par le Code de procédure civile à ceux qui possèdent ou détiennent paisiblement* »). Des présomptions fiscales de propriété sont également instituées. Notamment, en cas de démembrement de propriété, les biens grevés d'un usufruit sont compris dans le patrimoine de l'usufruitier pour leur valeur en pleine propriété (art. 885G, CGI). Par ailleurs, les biens disposés dans un coffre-fort sont réputés appartenir conjointement aux déposants ou locataires des coffres.

Le Code général des impôts prévoit néanmoins une série d'exclusions de l'assiette de l'ISF.

Sont d'abord exclus les ***biens professionnels***. Les biens professionnels sont définis comme les biens nécessaires à l'exercice à titre principal d'une profession industrielle, commerciale, artisanale, agricole ou libérale.

La profession consiste en l'exercice habituel et constant d'une activité permettant de satisfaire aux besoins de l'existence. Seuls les biens de l'activité principale sont exonérés, c'est-à-dire l'activité procurant la plus large part des revenus. Enfin, ces biens doivent avoir un lien direct avec l'exploitation, et être effectivement utilisés à cet usage. Certaines actions de sociétés peuvent être considérées comme des biens professionnels, lorsque le contribuable exerce des fonctions de direction énumérées par la loi (par exemple, le président du conseil d'administration d'une société anonyme), et lorsqu'il détient au moins 25 % des droits financiers et de vote dans la société.

Sont également exclus les ***droits de propriété*** industrielle, littéraire, artistique, les ***objets*** d'Antiquité, d'art ou de collection, et enfin les ***placements financiers*** des personnes non domiciliées fiscalement en France (art. 885L du CGI).

■ *Liquidation et recouvrement de l'impôt*

a) L'évaluation des biens imposables

Le contribuable évalue lui-même sa fortune dans la déclaration qu'il adresse à l'administration fiscale. La valeur des biens est celle retenue au 1er janvier de l'année d'imposition. Chaque catégorie de biens fait l'objet de règles d'évaluation spécifiques. Par exemple, l'article 885T*bis* fixe ces règles concernant les valeurs mobilières : « *Les valeurs mobilières cotées sur un marché sont évaluées selon le dernier cours connu ou selon la moyenne des trente derniers cours qui précèdent la date d'imposition* ». S'agissant des biens immobiliers, leur valeur est celle du marché (valeur vénale réelle), un abattement de 30 % étant réalisé sur la valeur de la résidence principale du contribuable.

La fortune brute ainsi évaluée peut être réduite grâce à la déduction de charges. Il s'agit des dettes du foyer au 1er janvier de l'année d'imposition, justifiables par tous moyens, et contractées pour l'acquisition ou dans l'intérêt des biens pris en compte dans l'assiette de l'ISF (loi de finances pour 2013). Cette déduction permet d'obtenir la fortune nette imposable.

b) Le calcul de l'impôt sur la fortune

L'impôt sur la fortune est un impôt progressif par tranches. Au contraire du calcul de l'IRPP, la liquidation de l'ISF ne tient pas compte du nombre de membres du foyer fiscal grâce au quotient familial. Le Conseil constitutionnel saisi de cette différence entre les impôts n'a pas vu de rupture du principe d'égalité (*décision n° 2010-44 QPC du 29 septembre 2010, Époux M. [Impôt de solidarité sur la fortune]*).

La liquidation de l'impôt sur la fortune a fait l'objet de réformes nombreuses et récentes. Jusqu'en 2011 (loi du 29 juillet 2011), le barème de l'impôt était le suivant :

Fraction de la valeur nette taxable du patrimoine	Taux applicable
Supérieure à 800 000 € et inférieure ou égale à 1 310 000 €	0,55 %
Supérieure à 1 310 000 € et inférieure ou égale à 2 570 000 €	0,75 %
Supérieure à 2 570 000 € et inférieure ou égale à 4 040 000 €	1 %
Supérieure à 4 040 000 € et inférieure ou égale à 7 710 000 €	1,3 %
Supérieure à 7 710 000 € et inférieure ou égale à 16 790 000 €	1,65 %
Supérieure à 16 790 000 €	1,80 %

Dans la loi du 29 juillet 2011 (qui supprime le bouclier fiscal, et, en contrepartie, allège l'ISF), l'article 885U supprime le barème progressif pour le remplacer par un taux unique qui frappe la fortune dès le premier euro :

Valeur nette taxable du patrimoine	Taux applicable
Égale ou supérieure à 1 300 000 € et inférieure à 3 000 000 €	0,25 %
Égale ou supérieure à 3 000 000 €	0,50 %

Toutefois, la loi de finances rectificative du 16 août 2012 instaure une ***contribution exceptionnelle sur la fortune*** à la charge des personnes dont le patrimoine net imposable est supérieur à 800 000 euros, afin de revenir au barème précédant la loi de juillet 2011. Concrètement, la contribution est égale au montant de l'ISF selon le ***barème précédent***, dont il est déduit le montant de l'ISF 2012.

Saisi à propos de ce dispositif, le Conseil constitutionnel ne l'a pas jugé contraire à la Constitution, et notamment au droit de propriété. Il juge ainsi qu'en alourdissant la charge pesant sur certains contribuables tout en renforçant la progressivité des impositions acquittées en 2012 au titre de la détention d'un ensemble de biens et de droits, le législateur a fondé son appréciation sur des critères objectifs et rationnels en fonction des buts poursuivis.

Aussi, la contribution exceptionnelle sur la fortune, combinée avec l'impôt de solidarité sur la fortune pour 2012, ne fait pas peser sur une catégorie de contribuables une charge excessive au regard de la capacité contributive que confère la détention d'un ensemble de biens et de droits (*décision n° 2012-654 DC du 9 août 2012, Loi de finances rectificative pour 2012*).

Finalement, la loi de finances pour 2013 du 29 décembre 2012 refond totalement le barème de l'impôt sur la fortune. Celui-ci est dû par les contribuables dont le patrimoine excède 1 300 000 euros, mais s'applique dès la tranche de patrimoine excédant 800 000 euros :

Fraction de la valeur nette taxable du patrimoine	Taux applicable
Supérieure à 800 000 € et inférieure ou égale à 1 300 000 €	0,50 %
Supérieure à 1 300 000 € et inférieure ou égale à 2 570 000 €	0,70 %
Supérieure à 2 570 000 € et inférieure ou égale à 5 000 000 €	1 %
Supérieure à 5 000 000 € et inférieure ou égale à 10 000 000 €	1,25 %
Supérieure à 10 000 000 €	1,50 %

Une fois l'impôt brut calculé, et jusqu'à la loi de finances pour 2013, une ***réduction d'impôt*** pour charge de famille permettait de tenir compte de la situation familiale, compensant ainsi l'inapplication du quotient familial à l'ISF. Ainsi, le contribuable pouvait déduire de son impôt 300 euros par enfant mineur à charge, par enfant infirme ou par personne invalide vivant sous son toit. À compter du 1er janvier 2013 toutefois, cet avantage est supprimé. Une réduction d'impôt existe cependant en faveur des investissements dans le capital des PME indépendantes non cotées et en cas de donation au profit de certains organismes d'intérêt général – établissements de recherche ou d'enseignement supérieur, fondations reconnues d'utilité publique, etc. (loi TEPA du 21 août 2007).

En outre, la loi de finances pour 2013 instaure une ***décote*** afin d'atténuer les effets trop abrupts de l'imposition pour les fortunes comprises entre 1 300 000 € et 1 400 000 €.

La question du plafonnement des impôts directs doit enfin être posée, car l'accumulation du paiement de ces impôts chez certains contribuables pourrait avoir un effet très lourd sur leur patrimoine.

Tout d'abord, entre 2006 et 2012, le ***bouclier fiscal*** est applicable. Techniquement, le bouclier fiscal prend la forme d'un plafonnement des impôts directs. Ainsi la somme des principaux impôts directs (IRPP, ISF, impôts locaux, CSG, CRDS et prélèvements sociaux) ne peut excéder un certain pourcentage des revenus. Créé par la loi du 31 décembre 2005, le plafonnement est d'abord fixé à 60 % des revenus, pour être réduit à 50 % par la loi du 21 août 2007 (l'article 1er du CGI énonce : « *Les impôts directs payés par un contribuable ne peuvent être supérieurs à 50 % de ses revenus* »). L'objectif de cette mesure était de dissuader les plus gros contribuables de s'expatrier. L'application du bouclier donnait lieu à la naissance d'une créance au profit du contribuable, dite créance-bouclier, prenant la forme d'un remboursement. Ce remboursement pouvait être consécutif à une imputation ou auto-liquidation par le contribuable (qui réduit lui-même son impôt sur la fortune en application du bouclier), ou à une demande de restitution du contribuable. Toutefois, pour les deux dernières années du bouclier (2011 et 2012), le législateur a rendu obligatoire la procédure d'auto-liquidation.

Le bouclier fiscal est toutefois supprimé par la loi du 29 juillet 2011. Le tout dernier bouclier s'applique en 2012 aux revenus 2010, frappés par l'IRPP 2011 complété par les impôts locaux dus en 2011 et l'ISF dû en 2011.

Il existe également un plafonnement législatif de l'IRPP et de l'ISF. L'article 885V*bis* introduit en 1988 d'après une recommandation du Conseil des impôts, fixait un plafond de l'ISF afin que des contribuables ne payent pas un impôt supérieur à leurs revenus. La somme de l'IRPP et de l'ISF ne pouvait donc excéder pour une année plus de 85 % des revenus nets du contribuable. Un plafonnement du plafond était cependant créé, car ce plafond ne pouvait conduire à réduire de plus de 50 % le montant de l'ISF ou ne pouvait excéder le montant de l'impôt correspondant à un patrimoine taxable égal à la limite supérieure de la troisième tranche du barème. Malgré une décision favorable du Conseil constitutionnel (*décision n° 2010-99 QPC du 11 février 2011, Mme Laurence N. [Impôt de solidarité sur la fortune – Plafonnement]*), cette disposition a été supprimée avec la réforme de l'ISF dans la loi du 29 juillet 2011. Le Conseil constitutionnel a même estimé dans la décision n° 2012-654 DC précitée que le législateur ne saurait établir un barème de l'impôt de solidarité sur la fortune sans l'assortir d'un dispositif de plafonnement ou produisant des effets équivalents destinés à éviter une rupture caractérisée de l'égalité devant les charges publiques. Toutefois, en l'espèce, le bouclier fiscal continue à s'appliquer en 2012, le Conseil constitutionnel décide donc de ne pas censurer le dispositif. La loi de finances pour 2013 rétablit finalement un plafonnement de l'impôt sur la fortune et des impôts sur le revenu au taux de 75 %. Si le total de ces impôts excède 75 % des revenus du contribuable, l'ISF est alors réduit de cet excédent.

c) Le paiement de l'impôt sur la fortune

L'article 885W du CGI indique que les redevables dont la fortune nette dépasse le seuil d'imposition doivent souscrire au plus tard le 15 juin de chaque année une déclaration de leur fortune au 1er janvier, déposée au service des impôts de leur domicile et accompagnée du paiement de l'impôt. Celui-ci peut être effectué par le moyen d'œuvres d'art, de certains immeubles ou bois et forêts identifiés par la loi (dation en paiement). Les contribuables doivent joindre à leur déclaration les éléments justifiant l'existence, l'objet et le montant des dettes dont la déduction est opérée. Le délai de reprise de l'administration est assez long (le délai expire à la fin de la sixième année suivant celle de réalisation du fait générateur de l'impôt en cas d'absence de déclaration, à la fin de la troisième année en cas d'insuffisance de la déclaration), en raison de ce système de déclaration spontanée qui encourage les fraudes. Enfin, le contentieux de l'ISF relève des juridictions judiciaires.

2 Les droits de mutation

Les droits de mutation font partie des ***droits d'enregistrement*** car ils sont l'occasion d'un enregistrement auprès de l'administration. Leur rendement est relativement important (20 milliards d'euros attendus en 2015). Il existe par exemple des droits d'enregistrement de 375 ou 500 euros pour les actes relatifs à la formation, l'existence, la fusion ou la dissolution de sociétés.

L'enregistrement peut s'accompagner d'une autre formalité, la publicité foncière (formalité dite fusionnée, applicable en cas de vente d'immeuble). La publicité foncière est due quant à elle pour tous les autres actes portant sur les droits réels immobiliers.

Parmi les droits d'enregistrement, les droits de mutation sont des impôts dus à l'occasion du transfert (mutation) d'un patrimoine. Les transferts de propriété peuvent ne comporter aucune contrepartie, aucun prix : ils sont effectués à titre gratuit. Lorsque le transfert s'accompagne d'une contrepartie, il s'agit d'une mutation à titre onéreux.

■ *Les droits de mutation à titre gratuit*

Deux occasions peuvent justifier le transfert d'un patrimoine à titre gratuit : un décès, ou une donation.

a) Les droits de succession

Le décès d'une personne physique est le fait générateur de l'impôt sur les successions. La date de cet événement est celle de l'appréciation de la valeur du patrimoine du défunt et de l'application des règles de droit applicables à la succession, mais aussi le point de départ du délai de six mois imparti aux héritiers pour déclarer la succession à l'administration fiscale.

1) L'assiette des droits de succession

L'assiette des droits de succession est composée de l'actif successoral, c'est-à-dire de l'ensemble des biens imposables, duquel on peut déduire certains éléments négatifs, le passif successoral.

L'***actif successoral*** est constitué des biens faisant partie du patrimoine du défunt le jour de son décès, et qui sont transmis aux héritiers (rappelons que c'est la transmission du patrimoine qui fait l'objet d'une imposition).

Les règles de détermination de la propriété sont les mêmes qu'en matière d'impôt sur la fortune (*voir supra*).

Les héritiers doivent s'acquitter des droits de succession selon les règles de territorialité suivantes :

- si le défunt était domicilié en France, sont imposables en France tous les biens situés en France et à l'étranger ;
- si le défunt était domicilié hors de France, sont imposables en France les biens situés en France ;
- quel que soit le domicile du défunt, sont imposables en France les biens situés à l'étranger si l'héritier est domicilié en France (depuis la loi de finances pour 1999).

Néanmoins, de nombreuses exonérations sont prévues par la loi. La première est importante : les successions entre époux et partenaires pacsés sont totalement exonérées de droits depuis la loi du 21 août 2007 (applicable aux successions ouvertes à compter du 22 août 2007). Il en est de même des successions des victimes de guerre ou d'actes de terrorisme. Ensuite, certaines catégories de biens sont exonérées :

- les rentes ou indemnités perçues par une victime d'un accident ou de maladie ;
- les immeubles classés ;
- les bois et forêts pour 75 % de leur valeur.

De la valeur de l'actif successoral peuvent être déduits certains éléments : le ***passif successoral*** (notion créée par la loi du 25 février 1901). L'article 768 du Code général des impôts indique ainsi que les dettes à la charge du défunt sont déduites lorsque leur existence au jour de l'ouverture de la succession est dûment justifiée par tous modes de preuve. De même, les frais funéraires sont déduits de l'actif de la succession pour un montant de 1 500 euros (art. 775, CGI). Les frais de dernière maladie sont également déductibles sans limitation, tout comme les impôts dus par le défunt.

2) La liquidation des droits de succession

Les héritiers ont la charge de déclarer la succession dans les six mois suivant le décès (art. 641, CGI). Les relevés d'actes de décès sont communiqués par les maires tous les trois mois à l'administration fiscale afin d'informer celle-ci.

La liquidation des droits de succession est ainsi opérée par les héritiers eux-mêmes, dans la déclaration adressée à l'administration fiscale. Les droits de succession sont calculés pour chaque héritier, sur la part des biens dont il hérite.

● L'ÉVALUATION DES BIENS IMPOSABLES

Comme pour l'impôt sur la fortune, des règles spécifiques sont fixées pour évaluer la valeur des biens. Par exemple, l'article 759 du Code fixe ces règles à propos des valeurs mobilières : « *Pour les valeurs mobilières françaises et étrangères de toute nature admises aux négociations sur un marché réglementé le capital servant de base à la liquidation et au paiement des droits de mutation à titre gratuit est déterminé par le cours moyen au jour de la transmission ou, pour les successions, par la moyenne des trente derniers cours qui précèdent la transmission* ». En ce qui concerne les meubles meublants, leur valeur peut notamment être estimée s'ils font l'objet d'une vente publique, elle est sinon librement appréciée par les héritiers selon leur valeur vénale. S'agissant de la valeur des immeubles, l'article 761 indique que les immeubles, quelle que soit leur nature, sont estimés d'après leur valeur vénale réelle à la date de la transmission. Un abattement de 20 % est cependant réalisé sur la valeur de la résidence principale du défunt si celle-ci est occupée par le conjoint ou partenaire de PACS survivant, ou ses enfants mineurs.

Pour les bijoux, œuvres d'art ou de collection, l'article 764 du CGI précise qu'à défaut de vente publique dans les deux ans du décès, leur valeur ne peut être inférieure à celle déclarée dans les contrats d'assurance s'y rapportant.

● LA PART NETTE TAXABLE

Une fois la valeur de l'ensemble des biens évaluée, des abattements sont prévus par la loi. Depuis 2008 (loi TEPA du 21 juillet 2007), le montant de ces abattements était actualisé au 1er janvier de chaque année. La loi de finances rectificative du 16 août 2012 supprime cette revalorisation annuelle, les abattements resteront donc fixés à leur montant constaté à cette date.

Ces abattements varient en fonction du lien existant entre l'héritier et le défunt. Ainsi l'abattement appliqué à une succession au profit :

- des enfants ou ascendants s'élève à 100 000 € depuis la loi de finances rectificative du 16 août 2012, pour les successions ouvertes à compter du 17 août 2012 (l'abattement était auparavant de 159 325 €) ;
- d'un frère ou d'une sœur s'élève à 15 932 € ;
- d'un neveu ou d'une nièce s'élève à 7 967 €.

Les héritiers handicapés dans l'incapacité de travailler bénéficient enfin d'un abattement supplémentaire de 159 325 €.

- L'APPLICATION DU BARÈME

La liquidation des droits de succession a fait l'objet d'une réforme dans la loi du 29 juillet 2011, laquelle a notamment relevé les derniers taux du barème d'imposition des successions en ligne directe.

Le barème d'imposition ne tient pas compte de la situation familiale du contribuable, ni de sa capacité contributive, mais varie en fonction du lien avec le défunt. Plus le lien de parenté est éloigné, voire inexistant si l'héritier est un simple ami du défunt, plus le barème comporte des taux élevés.

Droits applicables en ligne directe

Fraction de la part nette taxable	Taux
N'excédant pas 8 072 €	5 %
Comprise entre 8 072 € et 12 109 €	10 %
Comprise entre 12 109 € et 15 932 €	15 %
Comprise entre 15 932 € et 552 324 €	20 %
Comprise entre 552 324 € et 902 838 €	30 %
Comprise entre 902 838 € et 1 805 677 €	40 %
Au-delà de 1 805 677 €	45 %

Droits applicables en ligne collatérale et entre non-parents

Fraction de la part nette taxable	Taux
Entre frères et sœurs, n'excédant pas 24 430 €	35 %
Entre frères et sœurs, au-delà de 24 430 €	45 %
Entre parents jusqu'au 4e degré inclus	55 %
Entre parents au-delà du 4e degré et entre non-parents	60 %

Notons que la loi de finances rectificative du 16 août 2012 supprime la revalorisation annuelle des barèmes d'imposition, lesquels resteront donc fixés à leur montant constaté à cette date.

- LES RÉDUCTIONS D'IMPÔT

Des réductions d'impôt peuvent être accordées afin de tenir compte de la situation familiale de l'héritier. C'est seulement à ce stade que la situation personnelle du contribuable permet de moduler la dette d'impôt. Au-delà du deuxième enfant, une réduction de 305 euros est ainsi accordée par enfant, portée à 610 euros par enfant pour les successions en ligne directe (art. 780, CGI).

3) Le recouvrement des droits de succession

Le paiement s'effectue au comptant, mais peut également être fractionné pendant une période de 5 à 10 ans pour les héritiers en ligne directe, lorsque l'actif de la succession est composé d'au moins 50 % de biens non liquides.

Les héritiers sont solidaires du paiement de l'impôt.

Le paiement s'effectue normalement en argent, mais un paiement en nature est autorisé par la loi du 31 décembre 1968. Notamment, la remise d'œuvres d'art (dation en paiement) est possible, comme ce fut le cas pour régler la succession de Picasso. La remise d'immeubles bâtis ou non bâtis, tels des bois et forêts, est également permise, à certaines conditions.

Le retard de paiement est passible de l'acquittement d'intérêts de retard auxquels s'ajoute une majoration de 10 % à compter du 13e mois de retard, et une majoration de 40 % après une mise en demeure de l'administration fiscale (art. 1728, CGI).

b) Les droits de donation

L'article 894 du Code civil dispose : « *La donation entre vifs est un acte par lequel le donateur se dépouille actuellement et irrévocablement de la chose donnée en faveur du donataire qui l'accepte* ».

Les règles de territorialité des droits de donation sont les mêmes que celles régissant les droits de succession. La plupart des exonérations sont les mêmes que celles valables pour les droits de succession (les monuments historiques, les bois et forêts). Les droits de donation sont fondés sur la valeur du bien donné. Les règles d'évaluation des biens varient en fonction de chaque catégorie de biens.

Un ***abattement*** est ensuite appliqué :

- 100 000 € pour les donations en ligne directe (ce plafond était fixé à 159 325 € avant la loi de finances rectificative du 16 août 2012) ;
- 80 724 € pour les donations entre époux ou entre partenaires de PACS ;
- 31 865 € pour les donations des grands-parents en faveur de leurs petits-enfants ;
- 15 932 € pour les donations entre frères et sœurs ;
- 7 967 € pour les donations au profit des neveux et nièces ;
- 5 310 € pour les donations des arrière-grands-parents en faveur des arrière-petits-enfants ;
- un abattement supplémentaire de 159 325 € en faveur des personnes handicapées ;
- un abattement supplémentaire de 31 865 € en cas de donation de sommes d'argent (art. 790 G, CGI : « *Les dons de sommes d'argent consentis en pleine propriété au profit d'un enfant, d'un petit-enfant, d'un arrière-petit-enfant ou, à défaut d'une telle descendance, d'un neveu ou d'une nièce ou par représentation, d'un petit-neveu ou d'une petite-nièce sont exonérés de droits de mutation à titre gratuit dans la limite de 31 865 € tous les quinze ans* »). Cette exonération est subordonnée au respect des conditions suivantes : le donateur est âgé de moins de quatre-vingts ans au jour de la transmission ; le donataire est âgé de dix-huit ans révolus ou a fait l'objet d'une mesure d'émancipation au jour de la transmission.

Il existe un cas particulier de ***donation d'entreprise*** aux salariés (art. 790A, CGI). Ainsi, en cas de donation en pleine propriété de fonds artisanaux, de fonds de commerce, de fonds agricoles ou de clientèles d'une entreprise individuelle ou de parts ou actions d'une société, il est appliqué, sur option du donataire, un abattement de 300 000 euros sur la valeur du fonds ou de la clientèle ou sur la fraction de la valeur des titres représentative du fonds ou de la clientèle, si les conditions suivantes sont réunies :

- l'entreprise ou la société exerce une activité industrielle, commerciale, artisanale, agricole ou libérale ;

– la donation est consentie aux personnes titulaires d'un contrat de travail à durée indéterminée depuis au moins deux ans et qui exercent leur fonction à temps plein ;
– lorsqu'ils ont été acquis à titre onéreux, le fonds ou la clientèle doivent avoir été détenus depuis plus de deux ans par le donateur ou la société ;
– lorsque la transmission porte sur des parts ou actions acquises à titre onéreux, celles-ci ont été détenues depuis plus de deux ans par le donateur ;
– les donataires poursuivent à titre d'activité professionnelle unique et de manière effective et continue pendant les cinq années qui suivent la date de la transmission l'exploitation du fonds ou de la clientèle transmis ou l'activité de la société dont les parts ou actions sont transmises et dont l'un d'eux assure, pendant la même période, la direction effective de l'entreprise.

Chaque donation étant assimilée à une déclaration partielle et anticipée de la succession, il existe un ***rappel fiscal des donations antérieures***. Ceci signifie que le donataire ne bénéficie pas tous les ans des abattements légaux. La loi du 29 juillet 2011 porte de six à dix ans le délai au-delà duquel les donations antérieures sont dispensées de rapport fiscal, et la loi de finances rectificative du 16 août 2012 porte ce délai de dix à quinze ans.

Le ***barème*** applicable en matière de droits de donation est ensuite identique à celui des droits de succession. Les droits applicables entre époux et partenaires (inexistants en cas de succession) sont calqués sur le barème des droits applicables en ligne directe. La loi de finances rectificative du 16 août 2012 supprime la revalorisation annuelle des barèmes d'imposition, lesquels resteront donc fixés à leur montant constaté à cette date.

Droits applicables entre époux et partenaires et droits applicables en ligne directe

Fraction de la part nette taxable	Taux
N'excédant pas 8 072 €	5 %
Comprise entre 8 072 € et 12 109 €	10 %
Comprise entre 12 109 € et 15 932 €	15 %
Comprise entre 15 932 € et 552 324 €	20 %
Comprise entre 552 324 € et 902 838 €	30 %
Comprise entre 902 838 € et 1 805 677 €	40 %
Au-delà de 1 805 677 €	45 %

Droits applicables en ligne collatérale et entre non-parents

Fraction de la part nette taxable	Taux
Entre frères et sœurs, n'excédant pas 24 430 €	35 %
Entre frères et sœurs, au-delà de 24 430 €	45 %
Entre parents jusqu'au 4e degré inclus	55 %
Entre parents au-delà du 4e degré et entre non-parents	60 %

Le recouvrement des droits de donation est identique à celui des droits de succession (somme d'argent ou remise d'œuvres d'art ou de biens immobiliers).

■ *Les droits de mutation à titre onéreux*

Les droits de mutation à titre onéreux frappent notamment les opérations immobilières, mobilières ou de cession de fonds de commerce.

a) Les opérations immobilières

1) Les ventes d'immeubles

Les ventes d'immeubles sont soumises à la formalité fusionnée à la conservation des hypothèques dans un délai d'un mois. Les droits sont acquittés pour les ventes parfaites, certaines et actuelles. Le taux d'imposition est de 5,09 % de la valeur vénale réelle du bien vendu, laquelle doit être conforme aux prix du marché de l'immobilier.

2) Les échanges d'immeubles

Les échanges d'immeubles purs et simples sont soumis à une imposition de 5 %. En revanche, si l'un des biens est plus important que l'autre (échange avec plus-value), le bien le plus faible est imposé à 5 %, et la plus-value au taux de la vente d'immeuble (5,09 %).

b) Les opérations mobilières

1) Les ventes de meubles

Les ventes ordinaires de meubles ne sont pas soumises aux droits de mutation, au contraire des ventes publiques, imposées à un taux de 2,10 % sur la valeur du bien meuble vendu. Les ventes publiques de meubles incorporels sont imposées à 1,20 %.

2) Les cessions de droits sociaux

Les cessions d'actions sont soumises à un impôt dégressif par tranches (art. 726, CGI) :
- 3 % pour la fraction d'assiette inférieure à 200 000 € ;
- 0,5 % pour la fraction comprise entre 200 000 € et 500 000 000 € ;
- 0,25 % pour la fraction excédant 500 000 000 €.

Les cessions de parts sociales sont quant à elles soumises à un droit de 3 %.

c) Les cessions de fonds de commerce et opérations assimilées

Les cessions de fonds de commerce, de clientèle, de droit au bail ou d'offices publics ou ministériels sont soumises à un impôt progressif.

Fraction de la valeur taxable	Taux
N'excédant pas 23 000 €	0 %
Supérieure à 23 000 € et n'excédant pas 200 000 €	3 %
Supérieure à 200 000 €	5 %

Les impôts locaux

Chapitre 10

Les collectivités locales bénéficient du produit d'impositions créées par le législateur, mais dont elles peuvent fixer le taux. Cette liberté n'implique pas une autonomie fiscale mais participe à la concrétisation de la libre administration des collectivités locales, car le produit des impositions est affecté aux dépenses choisies par ces collectivités. Toutefois les marges de manœuvre fiscale des collectivités ont été réduites récemment, particulièrement celles des départements et régions, aggravant une situation financière déjà difficile.

1 Les caractéristiques des impôts locaux

Les réformes récentes des impôts locaux confirment l'absence d'autonomie fiscale des collectivités ainsi que des difficultés financières croissantes.

■ *L'absence d'autonomie fiscale des collectivités locales*

« *Considérant qu'il ne résulte ni de l'article 72-2 de la Constitution ni d'aucune autre disposition constitutionnelle que les collectivités territoriales bénéficient d'une autonomie fiscale* ». Le Conseil constitutionnel ne saurait être plus clair dans sa décision du 29 décembre 2009 (*décision n° 2009-599 DC, Loi de finances pour 2010*) : les collectivités locales ne sont pas autonomes fiscalement. En cause, l'article 34 de la Constitution dispose que seul le législateur national est compétent pour fixer les éléments déterminants de l'impôt (voir le Chapitre 1). Les impôts locaux sont donc des impôts créés par le législateur, même si une certaine latitude peut être attribuée aux collectivités, s'agissant notamment des taux des impositions.

Les impôts locaux présentent des caractéristiques communes :

- ils sont anciens puisqu'ils sont les héritiers des « quatre vieilles contributions » révolutionnaires (contribution foncière, contribution mobilière, patente, contribution sur les portes et fenêtres, voir l'introduction) ;

- ils ont pour ***assiette*** la valeur locative des immeubles concernés. La valeur locative représente le revenu net théorique annuel que produirait un immeuble. Cette valeur locative est aujourd'hui largement obsolète, puisqu'elle a été fixée pour la dernière fois en 1960 pour les propriétés non bâties et en 1970 pour les propriétés bâties. Même si une actualisation a eu lieu en 1980, une révision générale des valeurs est nécessaire. La loi de finances rectificative du 29 décembre 2010 a organisé la révision de ces valeurs pour les locaux professionnels à partir de 2012, à l'issue d'une expérimentation dans cinq départements en 2011. Toutefois, la réforme est actuellement reportée à l'établissement des bases d'imposition de 2017 ;
- leur ***taux*** est fixé par chaque collectivité locale. Depuis le 1er janvier 1981 en effet, le législateur autorise les collectivités à fixer le taux des quatre impôts directs locaux, dans les limites qu'il instaure. En particulier, le taux ne peut excéder un taux égal à deux fois et demie le taux moyen national. Il en résulte malgré tout des différences très nettes d'imposition d'une collectivité à l'autre. Les collectivités peuvent également décider de certains abattements ou exonérations, toujours dans les limites déterminées par le législateur. Les collectivités peuvent enfin créer des taxes facultatives, comme la taxe d'enlèvement des ordures ménagères ;
- leur ***recouvrement*** est assuré par les services fiscaux de l'État.

■ *Les réformes récentes des impôts locaux*

Aujourd'hui, ces impôts locaux sont fortement critiqués. Peu réformés depuis la Révolution, ils relèvent d'un « néo Moyen Âge fiscal » (M. Bouvier) : leur rendement est faible, ils tiennent compte de façon très partielle des capacités contributives, et ont pour la plupart des effets anti-économiques.

Deux réformes récentes ont toutefois modifié en profondeur la fiscalité locale : la loi du 30 décembre 2009 de finances pour 2010 et la loi du 16 décembre 2010 de réforme des collectivités locales. Ces lois procèdent aux modifications suivantes :

- tout d'abord, la ***suppression de la taxe professionnelle***, principale source de recettes fiscales des collectivités locales. La taxe professionnelle est remplacée par la contribution économique territoriale (CET). D'autres impôts sont également créés afin de compenser la perte de recettes fiscales des collectivités, telle l'imposition forfaitaire sur les entreprises en réseau (IFER) ;
- ensuite, la ***modification de la répartition des impôts locaux entre les catégories de collectivités***. La région et le département ont perdu le produit de la taxe sur le foncier non bâti, au profit des communes et des établissements publics de coopération intercommunale (EPCI). La part régionale de la taxe sur le foncier bâti est également récupérée par les communes et leurs établissements publics de coopération intercommunale. De même, la part départementale de la taxe d'habitation est transférée aux communes et aux EPCI. Il résulte de ces dispositions que la

région ne bénéficie plus d'aucun impôt direct local pesant sur les ménages. Le département n'a conservé, pour sa part, que la taxe foncière sur les propriétés bâties. Les autres impôts directs locaux ont été transférés aux communes et aux établissements publics de coopération intercommunale.

Finalement, la marge de manœuvre fiscale des collectivités locales en général, et des départements et des régions en particulier, a été considérablement réduite à l'issue de ces réformes.

2 Les taxes foncières

Les taxes foncières ont été créées par les lois des 23 novembre et 1er décembre 1790 mais étaient alors fusionnées, et portaient le nom de contribution foncière. C'est la loi du 29 juillet 1881 qui instaure deux impôts distincts.

■ *La taxe foncière sur les propriétés bâties*

La taxe foncière sur les propriétés bâties est régie par les articles 1380 et suivants du Code général des impôts. Elle est due par chaque propriétaire, au 1er janvier de chaque année, d'une propriété bâtie située en France. Elle est perçue par les communes, les établissements publics de coopération intercommunale et les départements. Une propriété bâtie est fixée au sol et ne peut pas être déplacée.

Sont exonérés les édifices publics du culte, les immeubles diplomatiques et bâtiments des organisations internationales, les ouvrages des communes construits pour la distribution d'eau potable ou encore les immeubles appartenant à une collectivité publique et affectés à un service public ou d'utilité générale et non productifs de revenus, tels les bâtiments scolaires, les bibliothèques, les hôpitaux, les prisons ou encore les logements de fonction des fonctionnaires (*CE, 7 mai 2012, Assistance publique des hôpitaux de Marseille*).

Il existe également des exonérations temporaires. Par exemple les constructions nouvelles sont exonérées de taxe foncière pendant deux ans, les constructions dans des zones franches urbaines sont exonérées pendant cinq ans, ou encore les jeunes entreprises innovantes peuvent être exonérées de taxe foncière pendant une durée allant jusqu'à sept ans. Enfin, sont exonérés de la taxe pour leur résidence principale les contribuables de plus de 75 ans ou les titulaires de l'allocation aux adultes handicapés dont les revenus n'excèdent pas un certain plafond.

L'assiette de la taxe est calculée en retranchant 50 % de la valeur locative cadastrale, lesquels représentent les frais liés à la possession d'un tel bien (entretien, travaux, gestion, etc.), et en appliquant un taux fixé par chaque collectivité locale.

■ *La taxe foncière sur les propriétés non bâties*

La taxe foncière sur les propriétés non bâties est régie par les articles 1393 et suivants du Code général des impôts. Elle est due par les propriétaires de propriétés non bâties (terrains) au 1er janvier de l'année d'imposition. La loi prévoit de plein droit l'imposition des terrains occupés par des chemins de fer, des étangs ou des marais salants. La taxe est perçue seulement par les communes et les établissements de coopération intercommunale.

Sont exonérés :

- les voies publiques ;
- les propriétés publiques affectées au service public et non productives de revenus.

Les terrains faisant l'objet d'une mise en valeur tel un reboisement sont exonérés de plein droit pendant trente ans.

L'assiette de la taxe est calculée en retranchant 20 % de la valeur locative, lesquels représentent les frais liés à la possession du bien, et en appliquant un taux fixé par chaque collectivité locale.

3 Les autres taxes

■ *La taxe d'habitation*

La taxe d'habitation est régie par les articles 1407 et suivants du Code général des impôts. Elle est due par toute personne ayant la disposition ou la jouissance d'un local imposable au 1er janvier de chaque année (art. 1408, CGI), seules les communes et les établissements publics de coopération intercommunale en bénéficiant depuis la réforme de 2010.

Elle est ainsi due par les propriétaires occupant leur logement (qui s'acquittent également de la taxe foncière), par les locataires, ou encore par les occupants à titre gratuit. Elle repose sur la valeur du bien occupé, mais aussi sur ses dépendances telles le parking ou le jardin.

Notons que les époux et partenaires de PACS sont assujettis par la loi à une solidarité fiscale s'agissant du paiement de la taxe d'habitation lorsqu'ils vivent sous le même toit.

Sont toutefois exonérés de la taxe d'habitation :

- les résidences universitaires (les étudiants n'ayant pas la pleine jouissance de toutes les parties des locaux) ;
- les locaux des pensionnats.

Bénéficient également de l'exonération les personnes âgées de plus de 60 ans, les veufs et veuves et les personnes handicapées si leurs revenus sont modestes (plafond fixé par la loi) et s'ils ne sont pas assujettis à l'ISF, ou les diplomates sous réserve de réciprocité.

Pour calculer la taxe d'habitation, la collectivité locale peut décider d'appliquer certains abattements, notamment en fonction des charges de famille (enfants à charge ou ascendants de plus de 70 ans ou infirmes et dont les revenus n'excèdent pas un certain plafond). Ainsi, l'abattement est fixé entre 10 et 20 % pour chacune des deux premières personnes à charge et entre 15 et 25 % à compter de la troisième personne à charge.

Le recouvrement de la redevance audiovisuelle (contribution à l'audiovisuel public) est effectué avec celui de la taxe d'habitation depuis 2005. La redevance concerne les personnes physiques imposables à la taxe d'habitation ou les personnes morales qui possèdent au 1er janvier de l'année un appareil de télévision. Le montant de la taxe est de 136 euros en 2015 ; il est indexé sur l'inflation depuis 2010.

■ *La contribution économique territoriale (CET)*

La contribution économique territoriale est l'héritière de la fiscalité révolutionnaire : la loi du 29 juillet 1975 avait supprimé la patente et créé la taxe professionnelle, puis la taxe professionnelle est remplacée par la contribution économique territoriale par la loi de finances pour 2010.

La taxe professionnelle était due chaque année par les personnes physiques ou morales exerçant à titre habituel une activité professionnelle non salariée (commerçants, professions libérales notamment). Impôt jugé anti-économique, voire même « *imbécile* » par François Mitterrand, la taxe professionnelle était surtout critiquée en raison de son assiette, laquelle a inclus jusqu'à trois éléments différents :

- les immobilisations corporelles dont le contribuable a disposé pour les besoins de son activité professionnelle (matériels, équipements, outillages, véhicules, etc.) ;
- les immeubles bâtis et non bâtis nécessaires à l'exercice de la profession (la taxe professionnelle étant assise sur la valeur locative cadastrale des immeubles et terrains des entreprises) ;
- les salaires jusqu'en 2003.

La taxe professionnelle était calculée en fonction d'un taux voté par chaque collectivité, mais une cotisation minimum était perçue.

En vertu des articles 1447-0 et suivants du Code général des impôts, la CET frappe également toutes les personnes exerçant en France une activité professionnelle non salariée.

Les exonérations sont les suivantes : artisans travaillant seuls ou avec des concours limités (par exemple, une main-d'œuvre familiale), chauffeurs de taxi ou d'ambulance, pêcheurs, exploitants agricoles, peintres et artistes, sages-femmes, sportifs, éditeurs de publications périodiques, agences de presse, collectivités publiques pour leurs activités d'enseignement ou sanitaires.

Elle est constituée par la réunion de deux impositions : une cotisation foncière des entreprises et une cotisation sur la valeur ajoutée des entreprises (art. 1447-0, CGI) :

- ***la cotisation foncière des entreprises*** est assise sur la valeur locative des biens (propriétés bâties et non bâties) passibles d'une taxe foncière, situés en France, et à la disposition du contribuable pour les besoins de son activité professionnelle. Elle est due aux communes et EPCI par le contribuable exerçant son activité au 1er janvier. La CFE est calculée en multipliant la valeur locative par le taux voté par chaque collectivité. Il existe néanmoins une cotisation minimum dont le montant varie entre 210 et 6 500 euros ;
- ***la cotisation sur la valeur ajoutée des entreprises*** est due par les contribuables exerçant une activité imposable à la CFE et dont le chiffre d'affaires hors taxes est supérieur à 152 500 euros.

Sur ces deux impôts, les départements et les régions ne perçoivent que la cotisation sur la valeur ajoutée des entreprises, qu'ils doivent partager avec les communes et leurs établissements publics de coopération intercommunale : les régions perçoivent 25 % du produit de la cotisation sur la valeur ajoutée des entreprises, et les départements 48,5 %.

■ *Les taxes locales diverses*

Les collectivités locales peuvent enfin instituer diverses autres impositions :

- la ***taxe d'enlèvement des ordures ménagères*** peut être instituée par les communes et les groupements de communes. Elle est due par les assujettis à la taxe foncière sur les propriétés bâties et calculée sur la même base ;
- la ***taxe sur les réunions sportives*** est un impôt indirect perçu au profit des communes. Le Conseil constitutionnel s'est récemment prononcé en faveur de la constitutionnalité des exonérations de certaines compétitions sportives (*décision n° 2012-238 QPC du 20 avril 2012, SA Paris Saint-Germain Football [Impôt sur les spectacles]*) ;
- l'***imposition forfaitaire sur les entreprises de réseaux*** (IFER) instaurée par la loi du 30 décembre 2009 (art. 1635-0 *quinquies*, CGI). Elle vise à taxer les grandes entreprises de réseaux d'énergie, de transport ferroviaire et de télécommunications sur différentes catégories d'installations (éoliennes, installations photovoltaïques et hydrauliques notamment), qui possèdent chacune leurs propres règles de détermination de l'assiette et de calcul de l'impôt. L'IFER est répartie entre les trois niveaux de collectivités territoriales mais les départements et les régions n'en perçoivent qu'une faible part.

Annexe

Mode de calcul de l'impôt progressif par tranches

L'impôt progressif par tranches se calcule en découpant le revenu en tranches et en appliquant le taux prévu à chaque tranche.

Prenons l'exemple d'un célibataire dont les revenus catégoriels annuels ajoutés atteignent 30 000 euros nets. Après avoir divisé les revenus par le nombre de parts (un célibataire = une part) on obtient 30 000/1 soit 30 000 euros (revenu net pour une part). On découpe ensuite ces 30 000 euros en trois tranches d'après le barème de l'IRPP 2015 :

– une tranche entre 0 euro et 9 690 euros qui fait donc 9 690 euros ;

– une tranche entre 9 691 euros et 26 764 euros qui fait donc 17 073 euros ;

– une tranche entre 26 764 euros et 30 000 euros qui fait donc 3 235 euros ;

À chacune de ces tranches on applique le taux du barème :

Fraction de la part nette taxable	Taux	Impôt brut par tranche
Inférieure à 9 690 €	0 %	0 euro
Comprise entre 9 691 € et 26 764 €	14 %	(26 764 – 9 691) × 14/100 = 2390 euros
Comprise entre 26 765 € et 71 754 €	30 %	(30 000 – 26 765) × 30/100 = 970 euros
Impôt brut total		**3 360 euros**

La somme des impôts bruts par tranche correspond à l'impôt brut total. Si le contribuable ne bénéficie d'aucune réduction ou d'aucun crédit d'impôt, il devra s'acquitter de cette somme. Son taux d'imposition moyen est de 3 360 × 100/30 000 soit 11,2 %. Ceci signifie que 11,2 % de ses revenus sont acquittés en impôts.

Prenons l'exemple de notre contribuable gagnant toujours 30 000 euros nets par an, mais cette fois-ci marié avec deux enfants. Le quotient familial du foyer est donc de 3 parts.

Membre du foyer fiscal	Nombre de parts
Le couple marié	Chacun une part, donc deux parts
Le premier enfant	Une demi-part
Le second enfant	Une demi-part
Total	**Trois parts**

Il convient de diviser le revenu net par le nombre de parts : 30 000/3 = 10 000 euros, et d'appliquer le barème à ce revenu découpé en tranches soit :

Fraction de la part nette taxable	Taux	Impôt brut par tranche
Inférieure à 9 690 €	0 %	0 euro
Comprise entre 9 691 € et 26 764 €	14 %	(10 000 – 9 691) × 14/100 = 43 euros
Impôt brut total		**43 euros**

Il convient ensuite de multiplier l'impôt brut total par le nombre de parts : 43 × 3 = 129 euros d'impôt brut total. Notons que dans ce cas la décote s'applique, qui revient à 1 870 – 129 soit à 1741 euros. L'impôt finalement dû est égal à 129-1 741, ce qui neutralise l'impôt sur le revenu !

BIBLIOGRAPHIE

– AYRAULT (L.), LAMARQUE (J.), NÉGRIN (O.), *Droit fiscal général*, Lexis Nexis, 3e éd., 2014.

– BAZIADOLY (S.), *Systèmes fiscaux comparés*, Ellipses, 2010.

– BIENVENU (J.-J.), LAMBERT (T.), *Droit fiscal*, PUF, 4e éd., 2010.

– BOUVIER (M.), *Introduction au droit fiscal général et à la théorie de l'impôt*, LGDJ, 12e éd., 2014.

– CASTAGNEDE (B.), *La politique fiscale*, PUF, 2008.

– COLLET (M.), *Droit fiscal*, PUF, 5e éd., 2015.

– COLLET (M.), *Procédures fiscales*, PUF, 2e éd., 2014.

– DAVID (C.), FOUQUET (O.), PLAGNET (B.), RACINE (P.-F.), *Les grands arrêts de la jurisprudence fiscale*, Dalloz, 5e éd., 2009.

– GROSCLAUDE (J.), MARCHESSOU (P.), *Droit fiscal général*, Dalloz, 9e éd., 2013.

– GROSCLAUDE (J.), MARCHESSOU (P.), *Procédures fiscales*, Dalloz, 7e éd., 2014.

– GUTTMANN (D.), *Droit fiscal des affaires,* Montchrestien, 5e éd., 2014.

– LAMBERT (T.), *Contentieux fiscal*, Hachette, 2011.

– LANDAIS (C.), PIKETTY (T.), SAEZ (E.), *Pour une révolution fiscale*, Le Seuil, 2011.

– MAITROT DE LA MOTTE (A.), *Droit fiscal*, PUF, 2011.

– MESTRALLET (G.), TALY (M.), SAMSON (J.), *La réforme de la gouvernance fiscale,* LGDJ, 2005.

Achevé d'imprimer par France Quercy, 46090 Mercuès
N° d'impression : 50782 - Dépôt légal : août 2015

Imprimé en France